生活因阅读而精彩

生活因阅读而精彩

六破六立

如何把复杂的管理变简单

SIMPLIFY
THE
COMPLEXITY
OF
MANAGEMENT

高文喆 ◎ 著

中国华侨出版社

图书在版编目(CIP)数据

六破六立:如何把复杂的管理变简单／高文喆著.—北京:中国华侨出版社,2013.3

　ISBN 978-7-5113-3322-3

　Ⅰ.①六… Ⅱ.①高… Ⅲ.①经济管理 Ⅳ.①F2

中国版本图书馆 CIP 数据核字(2013)第040770号

六破六立:如何把复杂的管理变简单

著　　　者 / 高文喆
责任编辑 / 文　蕾
责任校对 / 孙　丽
经　　　销 / 新华书店
开　　　本 / 787×1092 毫米　1/16 开　印张/17　字数/217 千字
印　　　刷 / 北京建泰印刷有限公司
版　　　次 / 2013 年 4 月第 1 版　2013 年 4 月第 1 次印刷
书　　　号 / ISBN 978-7-5113-3322-3
定　　　价 / 29.80 元

中国华侨出版社　北京市朝阳区静安里 26 号通成达大厦 3 层　邮编:100028
法律顾问:陈鹰律师事务所
编辑部:(010)64443056　　　64443979
发行部:(010)64443051　　　传真:(010)64439708
网址:www.oveaschin.com
E-mail:oveaschin@sina.com

前言 QIANYAN

做管理一定要能破能立

管理是一门艺术，古今中外，无论是在哪种社会形态之下，管理都是一门很值得关注的学科。直到近代，随着市场经济的兴起，管理越来越受到了重视，并逐渐形成了一门独立的学科。众多的管理大师的研究表明，在管理当中，管理者的角色是极其重要的，他们必须能破能立，才算是一个合格优秀的管理者。所谓"破"，指的是破除被管理者的不良心态，解除妨碍管理的一些障碍，保证管理效果，而"立"则是说管理者要在管理各方面资源时，适当地通过搭建一些管理平台，制定相关的制度来确保管理的质量和效能。

在现有激烈的市场竞争下，很多组织或是企业都深深地感觉到管理质量对于组织或企业未来的影响力。于是管理者在其中所要发挥的作用被提上了议事日程。管理者在管理的过程当中发现，人才的管理是首当其冲的一个问题。有不少组织或是企业之所以难以创造成绩，不免要和人力资源管理的失败有一定的关系，例如管理者在选拔人才上没有任人唯贤，没有客观地发现和了解人才，主观意识成为了人才选拔的标准等，这些都妨碍了真正有贤能的人才的使用。另外，有了人才的组织更要懂得配置人才。和组织或企业所需要的其他资源一样，人才资源的配置也是很讲究的，若是不能依据人才的优缺点来配置人力资源，或是不能把人才安排在最合适的岗位上，这就不算是成功的人力资源调配。还有一点最要紧的是，管理者必须学会如何留住人才，信任显然是最基本的，缺少了信任的组织无法给员工提供放心的保障，而制度的构建也会给人才管理带来一定的帮助。

管理本身是双方面的，一方面管理者要扮演好自己的角色，让被管理的员工体会到管理带来的优化效能，深深体会到组织和自我发展是一个共同体。从另一方面来说，被管理的员工的观念也要相应地做出转变。首先要有主人翁精神，不仅仅要把工作视为谋生的工作，更要把它看作是事业发展的方向；其次员工要把自己事业的发展和组织未来的规划作为一体的目标去追求，相信自己的付出不但是为了组织的发展，更重要的是要通过组织的未来来实现自我目标，两者本来就是不可分割的，任何一种消极的态度都会给自我发展以及组织的发展带来不可挽回的伤害；第三，员工之间要本着彼此信任的关系，组成一个互助互信的团队。信任是现代团队中不可或缺的东西，信任会创造出执行力，创造出动力，进一步推动团队和个人的进步。

本书在总结现有的一些管理学理论的基础上，通过一些深入浅出的经典案例说明管理当中要破除的六种心态，同时也指出管理中必须要树立的几种观念，着重强调管理者和被管理者之间的关系构建，希望能对一些管理者有所帮助。由于成文仓促，本书仍有不足之处，还望业内人士批评指正。

目 录
CONTENTS

上篇 做管理要破除的六种心态

管理当中让人最头疼的就是人的心态问题，俗话说"态度决定一切"，没有好的心态，就没有好的管理。只有破除那些阻碍和谐管理平台构筑的不健康心态，破除那些占着职位不做事的不良现象，事情才能做好，管理才能上一个新的台阶。

第一章 "不走捷径办不成事"——破除投机心态

找借口躲避就是投机 ······ 2
"差不多先生"就是"投机先生" ······ 6
健康的执行心态破除投机心态 ······ 12
以执行力破除投机 ······ 16
全心全意地工作，不再投机 ······ 20

第二章 "不出问题少不了我"——破除等靠心态

学会自省，破除等靠 …………………………………… *23*
思想积极，才能不再等靠 ………………………………… *28*
端正自己的工作态度 ……………………………………… *31*
变被动执行为主动执行 …………………………………… *35*
在其位就要谋其职吗 ……………………………………… *39*
不等不靠，要务实进取 …………………………………… *41*
自觉、自律与自主，拒绝等靠 …………………………… *48*

第三章 "不是领导不操心"——破除过客心态

换位思考，该不该当过客 ………………………………… *53*
以主人的态度，让上级安心 ……………………………… *59*
无责任感，连过客都不如 ………………………………… *62*
勇于对结果负责，不做过客 ……………………………… *66*
让问题只停在现在吧 ……………………………………… *69*
有担当关键在于挺身而出 ………………………………… *72*
站在管理者的立场上 ……………………………………… *74*
敢于成为企业的事业共同体 ……………………………… *79*

第四章 "不具优势干不出头"——破除陪练心态

认可自己的工作，不做陪练 ……………………………… *83*
发现事物积极的一面 ……………………………………… *87*
善于激励，创造愿景 ……………………………………… *91*
将一时失意作为幸运的起点 ……………………………… *94*

不气馁，坚持总有希望 ………………………………… **99**
要出头靠的是强有力的执行力 …………………………… **104**
用激情让自己出人头地 ……………………………………… **109**

第五章　"不遇伯乐露不了手"——破除清高心态

了解自己的砝码，认清自己 ……………………………… **115**
将心比心，换位思考 ………………………………………… **122**
善于合作，才能露一小手 ………………………………… **126**
重视自己，才能得到领导青睐 …………………………… **129**
小事情，大的影响力 ………………………………………… **132**
对接组织和自己的未来 ……………………………………… **136**
展现自己，脱颖而出 ………………………………………… **139**

第六章　"不求有功但求无过"——破除守摊心态

没有作为，就没有未来 ……………………………………… **142**
以实际行动破除守摊心态 ………………………………… **148**
化被动为主动 …………………………………………………… **154**
积极进取收获成功 …………………………………………… **156**
不学习，摊位都守不住 ……………………………………… **158**
在忙碌中寻找奋斗的快乐 ………………………………… **161**

下篇　做管理要树立的六种理念

俗话说，有破有立，破除了六种不健康的心态后，就要在管理中树立六种良好的管理规范。"六破"的最终目的也是要调整和转变管理者和被管理者双方的心态，让管理的关系变得更为融洽；"六立"就是要让管理者以及员工，在正确的、科学的方法引导下，发挥出各自最大的效力，取得最好的成绩。

第七章　"察德识品，以德为先"——树立用人标准
　　慧眼识人，发现人才 ………………………… **168**
　　以制度建设树立用人标准 …………………… **171**
　　管理者要以德为先 …………………………… **173**
　　用人不疑，疑人不用 ………………………… **175**

第八章　"五湖四海，任人唯贤"——树立用人准则
　　选拔人才的三种禁忌 ………………………… **181**
　　选拔人才要唯才是举 ………………………… **188**
　　以人为主，依理而变 ………………………… **190**
　　知人善用，知人之长 ………………………… **193**
　　真诚待人，以人为本 ………………………… **196**

第九章　"举不避仇，用不避亲"——树立用人尺度
　　凡事以综合考虑为原则 ……………………… **200**

　　　　　举贤不避亲，不论个人恩怨 ················· 203
　　　　　合理配置人力资源 ······················· 205
　　　　　重视关键员工的培养和管理 ················· 209
　　　　　对人对己的宽容 ························ 212

第十章　"素质立身、实干进步"——树立用人导向
　　　　　信任激发实干者的潜能 ···················· 216
　　　　　务实合作，与组织一同成长 ················· 219
　　　　　善于给实干者授权 ······················· 222
　　　　　组织高效从员工高效做起 ··················· 225

第十一章　"不拘一格、才尽其用"——树立用人观念
　　　　　善于发现别人的长处 ····················· 228
　　　　　因人设事，人尽其用 ····················· 231
　　　　　努力发掘人才的长处 ····················· 234
　　　　　用人要考虑因势利导 ····················· 237
　　　　　改变墨守成规的套路 ····················· 240
　　　　　职场沉浮，解决力说了算 ··················· 242

第十二章　"能上能下、绩效考评"——树立用人机制
　　　　　管理的根本是制度的保障 ··················· 244
　　　　　因人而异地进行区别激励 ··················· 249
　　　　　能力至上的竞争机制 ····················· 252
　　　　　有激励也要有竞争 ······················· 256

上篇
做管理要破除的六种心态

◆ 管理当中让人最头疼的就是人的心态问题，俗话说"态度决定一切"，没有好的心态，就没有好的管理。只有破除那些阻碍和谐管理平台构筑的不健康心态，破除那些占着职位不做事的不良现象，事情才能做好，管理才能上一个新的台阶。

第一章 "不走捷径办不成事"
——破除投机心态

世上没有捷径可言，凡事都要认真努力，踏实肯干，有具体的行动才能取得相应的业绩。在现代管理看来，抱着侥幸心理去行事的人最终都难以成功。逃避实际行为的人只会最终在投机的泥淖里越陷越深。

找借口躲避就是投机

不负责任的最基本表现就是给自己找各种借口逃避责任。有担当还是找借口逃避，有时候就在一念之间，而决定这一念之差的关键因素就在于是否具有强烈的责任心，同时这也凸显了一个人的生活和工作态度。

谁都难免在工作中犯一些小错误，毕竟金无足赤，人无完人，谁都无法保证自己一辈子都不犯错。重要的是犯了错以后要如何去面对，如何去纠正错误。不少受传统观念影响的人，一味地认为一个人若是犯了错误就代表这个人还不够优秀，还不够成熟，在工作能力上也有太多的不足，于是就把这个人排除出加薪和晋升的范畴，有些领导或是老板甚至还会给犯了错误的员工很重的惩罚。这样一来，犯了错的人就不愿意直面自己的错误了，不愿意主动承认责任，总是企图找各种借口去逃避责难，对自己的错误加以辩解，反倒给其他人一种缺少担当或是犯错了还有理了的感觉。

无论是找借口，还是为自己找一些无力的辩解都是一种不负责任的表现，周围的人们都不喜欢这样的人，这样的人会给他人留下缺乏信誉的印象，这对自己和他人的工作显然是毫无益处的。

还有一部分人是很诚实地面对自己的错误的，他们会主动地承认："这是我的错！"不要感觉这不过是太简单的话语，但要从大多数人口中说出来却有着十分的难度，否则也不至于那么多人总想着要找理由去逃避。

主动且诚恳地承认错误，太多人把它想象成一件很可怕的事情，于是越来越多的人即便是犯了错误也不愿意承担后果。可曾知道，勇于认错并主动改错的态度，上司最为欣赏，表面上上司或许会严厉地批评你一番，但在他心里能够主动认错的人他早已原谅了。一个充满智慧的上司不会只盯着下属的错误不放，他看得更多的是未来的方向，即便过去很重要，但未来要比现在更为重要。一个勇于承认错误的员工，首先就是个对未来负责的员工，这也是敢于承担责任的开始。只有这样的人才能避免公司蒙受巨大的损失，因为一旦犯了错误他就会及时纠正，且汲取教训制订出更为合理的方案，并提醒自己在执行的过程中更为认真小心，避免下一次错误出现。对管理者来说，拥有勇于承担责任的员工就仿佛拥有一笔无形的财富，他们会让错误变成一种可贵的经历，所以，睿智的管理者不会无理处罚这种员工的。

有这么一个很经典的事例：

有一名叫周礼的财务经理，曾经在工作中出现了重大失误，他给一个请过病假的员工错发了全薪。很快他就发现了自己的这个错误，可惜薪水已经发出去了，他马上通知了那个员工，还向其解释了自己的错误并表示了道歉，他表示自己一定要纠正这个错误，还决定要把这个月多发的工资从下个月的薪水中扣除。可是这个员工听完他的话后，不赞同他的做法，他说如果周礼这么做的话，下个月的生活就难以维持了，他请求周礼别一次性扣除多发的薪水，最好是分期扣除。对于周礼来说，要是按照这个员工的建议的话，那必须总经理同意才行。周礼很了解总经理的脾气，总经理是绝对不同意他这么做的。那么这个由他自己引起的错误，该怎么办才好呢？最好的办法就是亲自到总经理面前认错。

周礼来到总经理的办公室，如实地坦白了自己所犯的错误。总经理听完他的汇报后，非常生气地表示承担责任的应该是人事部，不是周礼，周礼却始终坚持自己才是应当承担这个责任的人。随后总经理又说周礼的同事才是难逃其咎，周礼仍然认为是自己的错。说到最后，总经理才很欣喜地说："我之所以说了这么多，都是在考验你，既然你坚持这是自己的错，那就好好找个办法去弥补吧。"

周礼听完总经理的话以后，不再说什么，更没有为自己的错误进行辩解，反倒是直接主动担负责任，最终很好地处理了这件事情。至此以后，总经理对周礼更为器重了。

这个事例告诉我们，一个人的品质和态度很多时候都表现在，犯了错以后能否勇于承认自己的错误，承担自己的责任。假使总在为自己的错误找各种借口去辩解，逃避自己应该承担的责任，并非一名优秀的管理者的所作所为，他们也很难得到其他人的认同。

第一，敢于担当。

作为一名合格的管理者，在犯错时，别先想要逃避责任，或是掩盖和辩解，

4

最好的办法是站出来勇于担当，大胆地向员工说出："这是我的错!"纵使身边有人总是拒绝承认错误，推卸责任，他们是否真心想这么做呢？实际上，大多数人的本意都并非如此，只是错误出现的时候，他们难以找到最好的解决方案，表现得犹豫不决，因而错过了及时认错的最好时机，那么为了逃避责任，他们只能像无头苍蝇一样到处找借口，推卸各种责任。另外还有一种人则是心存侥幸："只要我一口咬死不承认，公司就不会让我承担所有责任，慢慢的，时间久了，就没有人会记得这件事情了。"

可是这么做的人，有没有想过，原来不过是一句认错就能化解的错误，却因为自己拒绝承认而增加了纠正这一错误的成本，企业会牺牲更多的时间、人力和物力去弥补这一错误，因此整个项目都会被延误。那这个时候，再去追求最初的错误的责任的时候，那必然是错上加错。若是有一日一切都真相大白的话，到时候再说"这是我的错"，已经毫无意义，也再不会有人原谅了。

别害怕在工作中发生失误，只要是普通人，这都是难免的，只怕自己缺少承认错误的勇气，总是在错误出现之后企图掩饰什么。作为一个有担当的人，不能在任何时候心存侥幸，犯错并不可怕，犯错以后一定要敢于向他人承认，主动说出："这是我的错!"正确的弥补过失、追求完美的方法就是主动去认识自己的错误，并积极改正，只有这样才是赢得尊重、提升品格的惟一选择。

第二，不为自己寻找借口。

为自己的错误找借口，妄图抹杀自己的错误，怎么看都不是个优秀的管理者的做法，更有些人还把自己应该承担的责任转嫁给他人，有这些举动的人实在称不上是称职的管理者，上司对他们也不会怀有太高的期待和信任，从未来来看，这些人注定只能是一事无成的失败者。

"差不多先生"就是"投机先生"

仔细观察会发现，任何一个企业或是组织内部总有一些管理者，他们总是每天准时上下班，上班时按时打卡进公司上班，下班时也从不早退，只可惜他们的工作没有一次能按时完成。公司老总对他们的能力非常怀疑，每天早出晚归、忙忙碌碌的人，为何总不能在规定的时间完成任务呢？原因就在于他们总不愿意在工作上精益求精，他们就是传统意义上的"差不多先生"。凡事他们只追求差不多就好，以至于大家看到他们习惯在工作上应付了事，只把事情做得"差不多"，说得过去就好，只求上司挑不出毛病来他们就满足了。殊不知，在他们眼里一点毛病都没有的这种"差不多"，实际的结果却离目标"差很多"。

就当今世界来看，"差不多先生"很多，很多人都被"差不多"给限制住了自己的前进步伐，迈向成功或许不简单，有了凡事都"差不多"想法的人就更是被这块绊脚石给绊住了。"差不多先生"往往不会太认真对待一切事务，它仿佛是压制了人们内心最深处，最需要由自己唤醒的追求认真、到位的工作精神。"差不多"究竟差了多少呢，究竟有多可怕呢？

第一，消灭"差不多先生"。

环顾自己的四周，看看身边究竟有多少"差不多先生"存在，这实在是件太可怕的事情了。再看看自己，自己身上是不是也有"差不多先生"的影子呢？那究竟什么样的人才算是"差不多先生"呢？胡适先生曾经在1924年发表过一篇文章《差不多先生传》，提到过这个概念，胡适先生在这篇文章细致刻画了"差不多

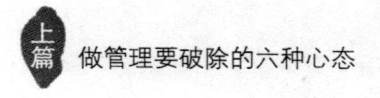

先生"的形象和心理。

你知道中国最有名的人是谁？提起此人，可谓无人不知，他姓差，名不多，是各省各县各村人氏。你一定见过他，也一定听别人谈起过他。差不多先生的名字天天挂在大家的口头上，因为他是全国人民的代表。

差不多先生的相貌和你我都差不多。他有一双眼睛，但看得不很清楚；有两只耳朵，但听得不很分明；有鼻子和嘴，但他对于气味和口味都不很讲究；他的脑子也不小，但他的记性却不很精明，他的思想也不很细密。

他常常说："凡事只要差不多就好了，何必太精明呢？"

他小的时候，妈妈叫他去买红糖，他却买了白糖回来。妈妈骂他，他摇摇头道："红糖和白糖不是差不多吗？"

他在学堂的时候，先生问他："直隶省的西边是哪一个省？"他说是陕西。先生说："错了，是山西，不是陕西。"他说："陕西同山西不是差不多吗？"

后来他在一个钱铺里做伙计，他会写，也会算，只是总不精细，"十"字常常写成"千"字，"千"字常常写成"十"字。掌柜的生气了，常常骂他，他只是笑嘻嘻地说："'千'字比'十'字只多一小撇，不是差不多吗？"

有一天，他为了一件要紧的事，要搭火车到上海去。他从从容容地走到火车站，结果迟了两分钟。火车已在两分钟前开走了。他白瞪着眼，望着远去的火车上的煤烟，摇摇头道："只好明天再走了，今天走同明天走，也还差不多。可是火车公司未免也太认真了，8点30分开同8点32分开，不是差不多吗？"他一边说，一边慢慢地走回家，心里却不明白为什么火车不肯等他两分钟。

有一天，他忽然得了一种急病，叫家人赶快去请东街的汪大夫。家人急急忙忙地跑去，一时寻不着东街的汪大夫，就把西街的牛医王大夫请来了。"差不多先生"病在床上，知道寻错了人，但病急了，身上痛苦，心里焦急，等不得了，心里想道："好在王大夫同汪大夫也差不多，让他试试看吧。"于是这位牛医王大夫走近床前，用医牛的法子给"差不多先生"治病。不一会儿，"差不多先生"就一命呜呼了。

"差不多先生"差不多要死的时候，断断续续地说道："活人同死人也差……差……差……不多……凡事只要……差……差……不多……就……好了，何……何……必……太……太认真呢？"他说完这句话，方才绝气了。

他死后，大家都很称赞"差不多先生"样样事情看得破，想得通，大家都说他一生不肯认真，不肯算账，不肯计较，真是一位有德行的人，于是大家给他取个死后的法号，叫他"圆通大师"。

他的名誉越传越远，越久越大。无数的人都学他的榜样。于是人人都成了一个差不多先生。

以上就是胡适先生所描述的"差不多先生"的具体形象。时间已经过去了80多年，胡适先生笔下的这类人似乎从来没有从现实社会中消失过，当今社会他们仍旧普遍存在，"差不多先生"似乎并不随时间的流逝而从此消失在人们的生活和工作圈子里。相反地是，随着现代生活节奏的不断加快，随着生活压力渐渐增强，很多职场上的人们更是表现出了大而化之、马马虎虎的毛病，导致不少企业和组织中"差不多先生"俯拾皆是，他们总喜欢把"基本"、"好像"、"几乎"、"大约"、"估计"、"大致"、"大概"挂在嘴边，这似乎已经成了他们这类人的标志性话语。

谁都不该总想着凡事都可以"差不多"，那是必须摒弃的一种不良观念。因此，不管是谁，都别让自己最后变成工作中的"差不多先生"，在完成任务之前，要多多问自己几次，这么做是不是真的就够了，是不是只要"差不多"就真的可以了？如果只是敷衍了事，抱着应付的态度的话，是不是那最后差的一点点不会最终影响自己和公司？会不会有什么难以想象的危害出现？等自己问完自己这些问题，有了明确的答案后，再考虑是不是该做一个"差不多先生"。答案一定是否定的，只有努力去把所有工作完美地完成后，才是每个真正认真对待工作的人应有的态度。

第二，"差不多"实则"差很多"。

"差不多先生"抱着"差不多"的想法，在工作上常常是漏洞百出，在工作上也表现不出充分的竞争力。就因为"差不多"，大多数管理层是难以认同他们所做的任何工作的，他们在企业或是单位里总是被打上二等货色的标签。看起来他们似乎离完美的目标只差了那么一点点，可是最终的效果却实实在在离完美了太多。

做任何事情都切忌不能只要求"差不多"，如果只是那样，结果就太可怕了，因为没有所谓离完美差一点的"差不多"，只有完美和不完美之分，所以差不多实际是差很多才对。举个例子来说明一下，大家就明白这个道理了。

1993年，全国小麦价格突然上涨，很多产粮区的粮商看到了其中的商机，趁机开始囤积小麦待价而沽。此时，一家面粉厂的业务员也同其他业务员一样企图到小麦产区收购小麦。正在和粮商们讨价还价的时候，当地的一个大粮商说："我们这里的小麦有的是，可以卖给你，不过要1000元一吨，怎么样？"

这位业务员听完感觉价格有点偏高，但一想到自己已经出来半个月了，而且自己也不知道到底最近小麦的价格已经涨到什么程度了，所以表现出了左右为难的样子。于是，他给老板发电报问，"这里的小麦每吨1000元，一万吨小麦，价格会不会太高，买不买？"

老板看到电报后也觉得价格太高，他知道现有市场上的小麦价格最高也不过900元，他随即对秘书说："给他发电报，就说价格太高了。"谁知道当时的通信还不够发达，秘书到邮局给业务员发了一条很短的电报："不太高。"

几天后，业务员带着签好的订购合同回来了，老板看到他以后，大发脾气，在老板的眼里，这个业务员不顾他的想法擅自做主签了购买合同。这时，被劈头盖脸责备的业务员感觉很是委屈，只得把电报拿出来给老板看，老板才发现原来是秘书发电报时，"不"字的后面少加了个句号。如今双方都把合同签好了，那无论是履行合同，还是违约，都会给厂子带来巨大的经济损失。

"不太高"和"不。太高。"从字数上看，是一样的是三个字，不过就少了一个标点符号而已，秘书显然是觉得两者差不多？事实却不是这样，一个句号的差别，意思却差了十万八千里。真是差之毫厘，谬以千里。

所以，做什么事儿要细心、认真，绝不能总是认为"差不多"、"大概"、"也许"就可以了。认真细致才能把事情给做到位了，做准确了。

做任何工作，都要拒绝"差不多"，这一点要从意识上时刻提醒自己，更要注意在行动中避免任何执行上的偏差，要不然执行效果照样会"差很多"。

第三，变"差不多"为"一点不差"。

上面已经说了很多关于"差不多"的危害，很明显执行和落实必须到位才行，否则就会感受到"差不多"所带来的巨大危机。在工作当中执行到位，就必须是实实在在、踏踏实实地去执行，只在企业或组织当中遵守各项制度和标准，尽心尽力地完成工作任务。因此，工作中一定要杜绝"差不多"的心态，如果在工作中每个人都能做到"一点不差"，那么所有这个单位才会因为每一分子都是出色地完成工作而产生巨大的凝聚力。要是大家都习惯于"差不多"，企业或是组织就容易被绊住前进的步伐，带来十分严重的后果。

一家企业为了提升自身的生产力，特地引进了德国的设备。就在安装设备调试的过程中技术员拧歪了一个螺纹，不过紧固度没啥问题，总的来说效果并没有受到太多影响。这个企业的工程师也就不以为然，认为只要不影响设备运转，实在不必在意这颗螺纹是否歪了点，甚至还认为这世界上也就不存在完全拧得一丝不差的六角螺纹，所以这设备也就差不多就行了。可是，负责安装验收的德国工程师发现了这一粒没有拧紧的歪螺纹，他坚决要求把那粒歪螺纹拧出来再重新拧紧。他的理由是："再拧一次并不是件难事，那大家为什么不做呢？一粒六角螺纹拧歪了，完全是因为在安装的时候没有按照规范标准进行操作。"

结果调查发现确实是安装工人觉得差不多就行，没有按照操作标准严格执行安装。根据技术操作标准的要求，拧这些大螺纹需要两个人一起完成，其中一个人固定扳手，另一个人拧螺纹。但在操作的时候，操作工人认为，两个人能拧的一个人也能操作，既然结果差不多的话，那何必再多找一个人呢，一个人就可以了。所以操作工在拧这粒螺纹只有一个人操作，另一个人休息。

喜欢在工作中把"差不多"挂在嘴边的人，都是以这种心态去完成工作的，那显而易见这样的工作结果必然会出问题，但凡出了问题后，他们就开始给自己找各种借口逃避责任。就像上面说到的那个操作工，他的失误被德国工程师发现之后，就说了："不就是拧歪了一粒螺纹一点点吗？这又不影响整个机器的运转！"他还说："报表里的数字不也就错了一个吗，谁能保证一个错误都没有吗？我保证下次不犯相同的错误就好了。"像这样的话他说得太多了。

说实话，人们在工作中所犯下的错误，并非因为技术、设备、流程和理念等原因造成的，而是缺乏一种尽心尽力把工作落实到位的执着精神。工作当中如果能够精益求精，注意每个细节的话，外加自己有高度的责任心，就会告别"差不多先生"的名号，不再只满足于"差不多"，工作就会真正执行到位。

健康的执行心态破除投机心态

美国通用电气公司前总裁杰克·韦尔奇在回答如何成功的时候，提道："一旦你产生了一个简单的、坚定的想法，只要你不停地重复它，终会使之变成现实。"这个回答很明显是解释这个问题的最佳答案。他的话里透露出的是一种健康的心态。事实确实如此，有健康的执行心态才有健康的行为，健康的心态是决定行动成功的首要因素。

应该说，心态决定状态。在执行某项具体的任务过程中，心态不同，执行以后所产生的结果也迥然不同。一般来说，只有拥有健康的心态，才能在任务的完成过程中准确地执行，与此同时有效提升自身执行力。

下面举个具体的例子，大家就会弄明白这其中的道理了。

A公司和B公司是有两家鞋业企业。两个公司为了开拓更大的市场，都纷纷往世界各地派出了一大批推销员。这些推销员在不同的地区不辞辛苦，积极地搜集该地区人们对鞋子的需求信息，整理分析后源源不断地反馈到自己的公司总部。

一天，两家公司同时接到了一个消息，说是在赤道附近有一个岛，岛上的居民数量很大。于是，两家公司都以最快的速度派了推销员到岛上开拓市场考察。

两家公司的推销员几乎同时登上了海岛，不久他们发现了一个共同的事实：

这是个封闭的海岛，平常与大陆上的居民往来并不频繁，他们祖祖辈辈都以打渔为生。因此，这岛上的居民衣着都十分朴素，平常也不穿鞋，总打赤脚。

A公司的推销员先观察到了这种情况，心里顿时凉了半截。他心里盘算着，岛上的居民平常连鞋子都不穿，又怎么可能去买他们公司的鞋呢？要向这些人推销他们公司的鞋，不就和向秃子推销梳子一样吗？想到这儿，他头也不回地乘船离开了海岛。他返回公司后，就交上了一份详细的考察报告："这个海岛上的人都没有穿鞋的习惯，根本不可能在那里开拓公司的市场。"

B公司的推销员与A公司推销员相同的是都发现了岛上的人都不穿鞋，但他的反应与A公司的推销员大有不同。他知道了岛内的居民都没有穿鞋的习惯之后，心里一阵窃喜，他明白这个海岛是最好的市场。在他看来，岛上的人现在不穿鞋不等于永远不穿鞋，只要他们的生活水平提高了，与大陆居民的来往密切了之后，他们的生活习惯也会跟着慢慢改变的，在外来文化的冲击之下，他们也会渐渐开始穿鞋的。于是他决定留在岛上，想方设法地为自己的公司开拓起市场。

下定了决心之后，B公司的推销员就在岛上挨家挨户地为自己的公司做宣传，宣传穿鞋的好处，还给当地的居民送上了部分的样品鞋。当地人穿上了他带来的鞋子后，感觉比从前赤脚走路要舒服多了，走路也再不用担心扎脚了。第一批体验过穿鞋好处的岛内居民开始一传十，十传百地奔走相告，向岛上的其他居民宣传穿鞋的好处。

一段时间以后，这位推销员还细心地发现，这海岛上的居民常年不穿鞋，脚型起了大的变化，都和普通人有不少不同。根据这些特点，这位推销员给自己的公司提交了一份周全的调查报告。公司接到他的报告后，根据岛上居民的脚型特点，特地制作了一批尺寸特殊的鞋子送到海岛上，结果这些鞋很受岛内居民欢迎，很快便销售一空。紧接着，公司又运来了第二批鞋、第三批鞋……在这位推销员的工作下，B公司在海岛上的市场终于开拓起来了。

这是个说明执行力重要性的典型案例。A公司之所以失败了就在于推销员的消极心理，缺少执行力的推销员没给A公司带来可喜的商机，相比之下，B公司推销员的执行力给公司带来了成功，他的做法中具备了执行最基本的要素，即积极的心态和坚定的执行能力。

从行为上讲，影响其的主要因素在于心态，人的心理活动变化会引起行为上的转变，可以说行为的每一步都是源于心理上的变化。因此，有一个良好积极的心态，势必会带给行动上积极的精神动力。同时，不同的心态会带来不同的结果。就拿上面提到的那个例子来说，两个推销员一起上岛，同时发现岛民都有打赤脚的习惯，只是知道这结果后他们的心态并不相同，A公司的推销员灰心失望，主动退缩；而B公司的推销员却满怀信心，获得了意外的成功。

两人的心态迥异具体表现在A公司的推销员认为在岛上开拓市场几乎不太可能，B公司的推销员却不这么想，认为只要努力就可能打开海岛的市场。两人在面对同一个事件时所表现出的行为的差异，最终还是源自于两个人在思维方式上的差异。成功学家拿破仑·希尔曾把积极的心态视为成功的黄金法则，他说过："人与人之间只有很小的差异，但这很小的差异却往往造成了巨大的差距，这种小的差异就是态度是积极的还是消极的，巨大的差距是成功与失败。"现实中，之所以很多人难以成功，追根究底就因为败在了自己消极的心态和观念上了。

就个人而言，态度决定一切，决定了从事某一件事情能否最终成功，可以肯定地说，个人的执行力有效与否的关键在于态度，态度保证了最终的执行力执行效果。心态上的差异，会影响执行的方式和方法，结果也就各不相同了。

在面对同一件事或是同一事物时，心态积极的人和心态消极的人所得出的结论必然是截然不同的。在接受任务时，拥有积极心态的人即便也认定任务的难度可能会有一些挑战，但他仍旧去思考该用什么方法去完成它；相反，态度消极的人就会在自己心中无形把难度无限放大，他们先想到的一般都是接受这任务有什么难度，绝不是解决问题的方法，可想而知让如此消极的人去执行任务，是很难获得成功的。

不管怎样，做好一件事情先要摆好自己的心态，这是一项基础性的工作。

个人如此，对于企业来说也是如此。判断一个企业是否朝气蓬勃、奋发向上，最关键就是要看看它是否具备开拓创新精神，而决定企业是否具备创新力的因素是员工的心态是否积极。

员工强烈的成功情绪可以为企业创造强大的执行力。当企业中的每一个员工都对自己的工作充满热情，有坚强的意志，把自己分内的一切事情做好的时候，企业的创造力就相当可观了。

成功的第一步需要由心态创造出力量来推动自己迈出，成功的执行力能否到位也在于积极的心态。

聪明的人，能力强的人不少见，最可贵的是心态积极的人。对于一个组织来说，执行者必须培养自己健康、积极的心态，才能引导自己用健康的方式做事，执行的效果才能最优化。

以执行力破除投机

执行力是一个人迈向成功的基本前提，尤其是对管理者而言。美国 GE（General Electric，通用电气）集团的前任首席执行官杰克·韦尔奇就曾提到过："管理者的执行力几乎完全决定企业的执行力。对于个人来说，成功的关键也在于执行力。关注执行力就等于是在关注企业和个人的成功。"有了执行力的人才会真正明白事业成功的目的和意义，才是有巨大影响力的人。

要成为一个拥有个人执行力的人，首先要为自己制订以下五大计划。

首先，让自己拥有卓越的领导力，这是指要为自己建设一个最高端的平台，在这个平台上充分发挥自己的执行能力和影响魅力。

其次，扩大自己执行力和影响力的所及范畴。

再次，除了让身边的人感受到自己的影响力外，还要使他们也能够充分建立自己的执行力，帮助自己和他人一同实现目标。

第四，让自己的执行力为自己做些实实在在的事情。

第五，个人执行力的行动还在于帮助他人。

有了明确目标的人，容易集中自己的注意力，发挥自己的所有优势来实现这一目标，进而人生才会有明确的方向和奔头。确定了具体的目标之后要做的事情就是行动，来充分彰显自己的执行力的强大。俗话说得好，1000 个好的想法不如 1 个切实的行动，扎扎实实的行动能够给予自己最好的期待。

每个人在现实生活中总免不了产生各种各样的思想，如果没有相应的实际行动，缺乏执行力的话，就难以将责任落到实处，所有的一切也只是空谈。

有个不得志的中年人总是郁郁寡欢，他习惯了每隔三两天就到教堂祈祷，而且他的祷告词从来没有变过，总是那一句。

"上帝啊，让我中一次彩票吧，就看在我这么多年敬畏您的分上吧。"

这次祈祷后，过了几天他又一次垂头丧气地回到教堂，还和从前一样跪着向上帝祈祷："上帝啊，为什么您总是不给我机会中彩票呢？如果能让我实现这一梦想的话，我可以比从前更谦卑地服侍您，就让我中一次吧！"

如此反复了几次以后，他最终仍然很虔诚地跪在上帝面前重复他的祈祷："我的上帝，难道您听不到我的祈求吗？就让我中一次吧，我只要一次，所有的困难都会因此解决了，而且我愿意为此付出我的一生来专心侍奉您……"

就在此时，圣坛上空突然传来了一阵洪亮庄严的声音："我一直都在听你的祷告。不过我想劝你一句，想中彩票的话最起码先给自己买张彩票吧。"

这个故事告诉大家，不能只做思想的巨人，行动的矮子，完全没有行动是不会有结果的。生活如此，工作亦是一样，不采取具体行动去落实每一项任务和责任的话，再好的战略也不过是个美丽的空想，或者仅仅是脑海里的一幅美丽图景。

曾经有一家大型贸易公司，在某段时间里遭遇了周期性的贸易淡季。

这家公司从年初到7月份，所有的贸易额连续下降了十几个百分点，公司里的业务员们都失去了积极性，贸易公司的老板几乎绞尽脑汁，希望重新调动业务员们的积极性，但始终不见成效，公司还是一如既往地陷入了现金流危机之中，正因为如此，老板成天都愁眉紧锁。

到了8月底，一次国际性的大型贸易促销会由这家公司承办，老板似乎看到了希望，想借此机会让公司有所转机，可是不得不承认的是，这场大会对这个公司来说既是个机会，也是个巨大的挑战。假使这次贸易促销会不能给公司带来几个"救命"的大订单，年末公司就将面临破产的危机。

在促销会开幕前两天，老板决定先在公司内部开一次"动员大会"，动员所有的员工务必重视这场贸易促销会。

"动员大会"临近结束的时候，老板请所有在座的经理和业务员们都站起来，看看自己的椅子下面放了什么。

大家站起来以后惊讶地发现每个人椅子下面都有一枚硬币。

老板看着大家惊讶的脸说："这是给你们的钱，不过有谁知道我为什么要给大家这些钱吗？"

在座的经理和业务员们都面面相觑，没人知道老板的用意是什么，只有一些人在底下窃窃私语，却没有一个人能说出个所以然来。

直到最后，老板才严肃地说："我只想提醒大家一件事，要解决问题，赚到更多的钱就不能只是坐着不动，只有移动了以后才能扩宽自己的视野，去发现隐藏在自己身边的巨大商机！"

现实生活确实如老板说的那样，有很多人习惯不去落实或是落实不利，但他们却对此不以为然。因为落实不利而失败的人比比皆是，没有具体的行动往往就意味着危机和失败，有时还可能意味着要付出生命的代价。

1815年的春天，被放逐到厄尔巴岛的拿破仑最终回到了巴黎。时间不长，他又成为了整个法国政权的最高统治者。获悉这一消息后，其他欧洲各国的君主就把拿破仑视为自己的敌人，彼此联合起来组成了第七次反法同盟，企图通过庞大的军事力量在短时间内把拿破仑消灭掉。当然，拿破仑也并不惧怕欧洲各国的力量，他迅速部署自己的天才战略，调集自己的精锐部队顽强抵抗，拿破仑的部队在自己制定的天才战略的部署下，以迅雷不及掩耳之势，在俄奥联军到达之前，就先行将英普联军彻底歼灭。只可惜，拿破仑的军队在贯彻他的战略部署时也因为没有彻底贯彻而出现了一点点的问题。

拿破仑军中的内伊元帅在受命占领布鲁塞尔，以牵制英军时，他的表现并不果决，他没有及时采取行动，犹豫不决的做法让他没能如期完成战斗任务。

就在内伊元帅因贻误战机与对方激烈争夺的时候，拿破仑又命令戴尔隆军团由弗拉斯内向普军的侧后方开进，企图和内伊元帅的部队对普军一道进行夹击。只不过戴尔隆并不是十分理解拿破仑的命令，错误地向法军后方的弗勒台开进，最终使得拿破仑具有决定性的一击的机会又被整整延误了近两个小时，英普联军也因此逃脱了被全歼的命运。

对于这场战役，后来的史学家和军事评论家都认为，造成拿破仑军队在滑铁卢战役失败的主要原因并非是拿破仑自身制订的战略计划有什么问题，而是因为拿破仑的既定作战方案没有被他的部下严格地贯彻和执行。要是部下们能够更好地理解拿破仑的意图，不打折扣地执行战略部署的话，那历史就将不是现在大家所看到的这样了。

拿破仑的失败说明了执行力才是真正的战斗力。缺少执行力的组织就会和成功绝缘。兵败滑铁卢的拿破仑，纵然不仅仅有贻误战机这么一个原因存在，不过不能否认的是在众多复杂的原因当中，战略部署的落实不力是这其中最关键的因素。在现代社会当中，无论是管理层还是员工，执行力也是决定成败的决定因素，对于一个团队来说，任何一项任务都需要用行动力来落到实处，另外将所有责任落实才能真正对结果产生作用。不论是什么单位还是企业都必须依靠落实责任，才可能逐步走向成功；也只有依靠落实责任，所有的计划才能得以实施，一

19

切惊喜才会在前方等待着自己；也只有依靠落实责任，才会挖掘出个人和团队的无限潜力，迈进成功才成了可能。因此，作为组织的管理者，或是仅仅是个普通员工，都别忘了要有执行力，因为脱离了执行力，所有东西都是南柯一梦。

全心全意地工作，不再投机

衡量一名员工是否优秀，很多时候要看他在完成公司任务时，或者说在完成和工作相关的事情时，不论是分内还是分外事都全心全意，竭尽全力地去完成。

应该说，但凡在事业上有进取心的人，都不会因为在尽自己所能做好所有分内的事情之后，还要尽自己所能每天多做一些分外的事情而感到十分介意。对他们来说，多做一些利于他人和自己工作的事情，无疑是会让自己获得比他人更多的走向成功的机会。

只不过现实中能如此不分分内分外，全心全意工作的人实在不多，很多人的印象中，工作自然是有内外之分的，只不过在老板的眼里，分内分外的差异不大，只要是和工作有关的，就是工作。只有在团队中表现出色的员工，才不会这么想，他们完成自己分内的工作后，还可以腾出时间和精力去主动帮助同事，或是协助老板做好那些所谓看起来是自己分外的，却属于整个集体或是企业的工作。他们所想的就是老板和同事心里所想的，他们和老板拥有同一个奋斗目标，也坚守同一个信念。正因如此，他们才不分分外分内，认为一切他们在做的工作都和自己有关，都必须努力去完成。正是在这种想法的指引下，他们的行动朝着工作推进的方向前进，这种高效的行动力成就了他们努力拼搏的进取心与积极高

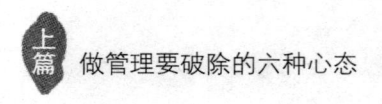

涨的工作热情。

每天都提醒自己坚持这么做的话,累积在每项工作上的一点点努力就会形成一种特有的工作经验,进而丰富自己,补充自己,还会慢慢地提高自己的工作能力。

苏菲曾经在一家外企担任秘书工作,她每天要做的事情除了撰写材料以外,就是整理、打印材料,她的很多同事都觉得这份工作枯燥无味。不过,苏菲却不同意他们的看法,她很喜欢自己的工作,而且她对自己的朋友说过:"工作好不好并不因为自己做得好坏来认定,而以是否善于发现自己工作中的缺憾为检验的标准。"

对这份工作颇有热情的苏菲每天都很认真地对待自己的工作,随着做的时间越来越长,她细心地总结出企业文件中存在的不少问题,还发现了不少企业在运作中的不足和缺陷。

为此,苏菲除了每天完成自己必须完成的任务以外,还很认真地搜集相关资料,哪怕是过期的资料她也不轻易放弃。在工作之外,她还查阅了不少经营方面的书籍,将自己收集到的这些资料分类、整理、分析,最终得出了自己的建议。整理后,苏菲才将打印好的分析结果以及相关资料一并呈给了自己公司的总裁。

总裁收到苏菲的这份材料,阅读后感到无比吃惊,他难以想象一位年轻的秘书还能如此缜密细心地发现这么多问题,而且分析得头头是道,细致入微。总裁看完后非常欣慰,他为自己有这样的员工和人才而感到骄傲。

不久,总裁就重用了苏菲,苏菲也从从前的秘书被提拔为公司的管理层。其实说起来,苏菲只不过比其他人多做了那么一点点而已,可是在总裁看来,她所做的已经为自己的公司贡献了许多。

众多事实表明,一个表现出负责精神的人,才会在他人面前赢得尊重和重视，更会赢得老板的赏识和重用。只不过现在有太多员工总不认为自己和老板应该朝着同一个方向努力，而是彼此对立，只把老板视为自己的对立面，把工作和酬劳之间的关系算得一清二楚、明明白白。多一点点努力都感觉多余，做完自己分内的工作后，就不愿多做一丁点儿事情，或者说总在跟老板计较，自己做了多少就应该获得多少报酬，等等。之所以这么想，就因为他们觉得工作于他们而言并非能从中获取什么，反倒是在工作中时时刻刻感觉自己吃了大亏。其实，事实并非如此，多想想自己能够为老板做些什么才是真正有责任心的员工。

试想一下，假设自己是一个过磅员，磅秤出现的细微刻度错误自己都能用心发现和纠正的话，就会给自己的单位和企业减少多少不必要的损失；要是自己是一名货运管理员，或许货运清单上一个小小的、与自己本身关系不大的错误被发现了，将避免多大的一场损失；倘若自己是一名邮递员，除了一贯要确保信件准时准确到达之外，其他一些与自己职责有关的事情也难免需要处理。可能这些小事不但看起来微不足道，还都在自己的工作范围之外，但自己也避不开它们，只要自己愿意付出相同的热情去面对这些事情的话，就等于为自己的人生播下了成功的种子。

所以说，只有不打折扣地去落实自己的职责，才会得到他人的赏识，对工作的热情越高，对自己的工作越负责，个人的魅力才会越丰富，越有层次地表现出来，才会彰显专属于他自己的价值，收获的回报就不会少。

第二章 "不出问题少不了我"
——破除等靠心态

> 主动工作，不等不靠，现在的管理者最为欣赏这样的员工，他们以饱满的热情投入工作当中，以创造性的思维打破常规，为组织的未来发展献策献力。管理者最怕的是缺少自律、自觉和自省的员工，因此变被动为主动，端正自己工作态度是最要紧的事儿。

学会自省，破除等靠

众多事实表明，凡事都和人有关，若是出了问题，不及时自省或是反省人本身的问题，那势必难以找到失误的关键点。面子固然重要，但不是事事都要死要面子。

爱面子是人之常情，凡是在检讨失误的时候，一般人就会想到"此事一定和某人有关"，或者会想到"这事从一开始就是冲着我而来"，总之一句话，反省当中先顾及的是自己的面子，面子和这些事都是紧紧联系在一起的。

历史上的先哲都发现了人性中的这个特点，都从不同角度开始分析，他们告诉后人在检讨和反省当中，首先要"反求诸己"。

曾子就曾经说过："吾日三省吾身：为人谋而不忠乎？与朋友交而不信乎？传不习乎？"

很多人的个性当中有很强的"自主性"，总是向往自由，不喜欢被约束，不接受别人的摆布，喜欢以自己的主张行事，由自己来决定如何完成任务。自主性是个很好的特质，它会伴随着自律性而来到，自律性就是自己管好自己，进而"修己"。既然不愿意受到他人的约束，就只能是自己管自己了。

只有自律、自省才能自主，自律性越强，越能从他人的尊重中获得高度的自主。所谓"吾日三省吾身"说的就是在生活中养成自律的习惯，每天都以三件事情来反省自己：

1.想想自己是不是为他人尽心尽力地谋划一些事情？

2.对朋友是不是也具有诚信？

3.传授于他人的东西，是不是自己已经修习过呢？

在古人看来，反省了这三件事后，才能日日有进步。

孔子也主张过"君子不器"，他的意思就是人不能和器具一样，总任由他人摆布。只是盲从上级指令人，时时刻刻都在他们的命令下行动的人，与器物又有什么分别？中国古代有不少贬义词均是用来形容该类人，把盲从听令的人称作为"奴才"；再把工于阿谀奉承的人说成是"谄媚"，等等。孔子说："事君尽礼，人以为谄也！"可见，人们并不欣赏逢迎、巴结、讨好上级行为，甚至认为这是不正当的行为，正当的做法应该"君使臣以礼，臣事君以忠"，上司尊重自己的部属，部属也以正当的方式对待自己的上司，这才是正道。

第一，学会自律。

凡是自律的人，都是孔子所说的"见贤思齐焉；见不贤而内自省也"，也就是说见到比自己贤能的人，就必须虚心向他学习；看到比自己表现得差的人，也不能一味地嘲笑他，而是要从他身上看到反省自己的可能，避免自己也出现类似的不足。孔子认为的贤和不贤，是存在一定标准的，只有在这种标准之下，才能分辨出贤与不贤，可惜如今贤和不贤的标准已经不存在了，没有这样的标准，就很难分辨哪些是贤，哪些是不贤了。

如果我们总是在一种被要求的环境下工作和生活是很难进步的，所以我们应该学会自己约束自己，自己要求自己，变被动为主动。毕达哥拉斯说："不能约束自己的人不能称他为自由的人。"我们的自律并不是让一大堆规章制度层层地束缚自己，而是用自律的行动创造一种井然的秩序来为我们的生活争取更大的自由。

第二，学会反省。

自我检讨，难道就是没面子的事儿吗？因为害怕丢了面子，所以总是找各种借口为自己开脱，这无疑是在为保存自己的面子做的事情，也是最常用的计策。索性很多人就死不认错，好像就和"不要脸"和"没面子"脱离关系了。实际上，不讲理才是真正的不要脸，死不认错就更是不讲理的代名词了，大多数人是很不喜欢这种人的。

有面子，还要不至于不要脸，就要牢记孔子说过的"不二过"的教训。孔子说："人非圣贤，孰能无过？"有了过错，就要诚心去反省自己，别让相同的错误再次出现，这和面子问题实在没太大关系。

请注意，在发生错误的时候，先反省是否是自己的错误，别去考虑什么面子问题，如果大家都不总是紧张面子问题，人人都开始反省自己，那就可以各自认错。人人都先自我反省，很快也很方便就能找到错误的重点。

过失不是在众人推脱责任中发现的，而是在自省中发现的。人人都自省争着为责任负责，那责任自然就不言自明，要是人人都推脱责任，那就弄不清责任该归咎于何人。大家争着承认过失，大大小小的缺失都有人承担责任，势必很快就会搞清楚事实的真相究竟如何。要是总像踢皮球一样把责任在不同的人之间推来推去，就始终难以抓住过错的重点，结果便是容易重蹈覆辙，错误就会一犯再犯。

第三，主动承认错误。

事事都指责他人在先，其实是一种碍着自己面子自我防卫的做法，为自己找到逃脱责任的借口。

实际上，只要有了第一个勇于承认自己的错误，其他人也容易开始反省自己。既然大家都有错，那众人一起承担错误，那还有什么怕不怕的问题，还有什么丢面子的问题呢？

孟子提出过"居上先施"的定律，他觉得某些事情都先由上级来做，下属见上级这么做以后，就会自然而然地追随。照孟子的这种说法，只要上司愿意率先承认自己的过错，下属也会跟着接二连三地坦承自己的过错。

孔子先前最怕的事情就是"不善不能改"，也就是说，知道了自己错了，还不及时纠正。要纠正自己的错误，首先要勇于承认自己的错误，才能下决心加以革除。

在孟子所说的"居上先施"定律中，关于面子问题似乎有些奇怪。上司先认错，下属也一个一个开始寻找自己的错误，这时候似乎不承认错误的人反倒是失了面子的人，于是怕失了面子的下属们都跟着上司开始坦承自己的错误。

所以说，上司能够积极承认错误，会改变下属对于失面子的根本认识，他们再不会不好意思承认自己的过失了，也不认为这是没面子的事情。因此上司的行为才是促进下属自省的有效动力。

现实中的真实情况并非如此，有些时候是下属必须先承认自己的错误，上司再对其加以指责，指责的同时把所有责任都推给下属，他们还会理直气壮地说："这是他们自己承认的，我们还要说什么呢？"这样一来，下属就不得不承认自己的错误，还不得不承担责任。上司这种常见的"不善"，是不是应该"能改"呢？要是一直都这么做，又该怎么去要求下属改变不善呢？

孔子在提到自己的愿望时，说它是"可以无大过"。这足以见得，一个人"小过不断"并不奇怪，可是时常有人总在骂人"大过不犯，小过不断"，好像这就是个不可饶恕的过错一般，这显然和圣人的想法不同。事实上，"小过不断"不正是因为"多做多错"吗？上司既然不喜欢"小过不断"，那下属只得什么都不做，因为"不做不错"，这样才能保护自己，这难道不对吗？

无心小过，上司不必太过在意，容许下属犯小错，下属才有勇气再多做点事情，也才有勇气自省，也才敢坦白承认错误。

当然，那些有意的、违法的、大的过错，自然是不能容忍的。上司处罚那些大的过错，宽容那些小的错误，才会给下属更多自我检讨的机会。只要下决心革除，不二过，就可以无大过了。

思想积极，才能不再等靠

几年前有一个电台曾经做过一档广播节目，他们希望通过采访找到每个人心中认为最重要的一课是什么？

要回答这个问题，对很多人来说似乎并不困难，有不少人都回答自己学到的最重要的一课是"思想的重要性"。实际上做这样的采访，最终目的在于了解不同的人心里认为最重要的是什么，由此就可以判断出其是个什么样的人了，这是因为每一个人的性格特征都和他自身的思想有莫大的关系。每个人的命运也都和自己的心理状态紧紧地联系在一起。爱默生就说过："一个人就是他成天所想象的那种样子……他怎么可能成为另一种样子呢？"

既然如此，可以肯定地说，摆在所有人面前的一个最大的问题是，如何为自己选择正确的思想。可以说，这也是大家唯一需要应付的一个问题，倘若能做到这一点，其他的事情也就很快就能迎刃而解了。曾经统治罗马帝国的伟大哲学家马尔卡斯·阿理流士把这个问题总结成了一句很经典的话："生活是由思想形成的"，这句话足以改变很多人的命运。

其实大家脑海想到的都是和快乐有关的东西，因为如此大家才获得快乐。如果一直在想悲伤的事情，那悲伤就会如影相随，如果内心不够安宁的话，日子就真的不会安宁了，如果总是想的都是失败，那人生就是失败的，要是总沉浸在自怨自艾之中，那所有人都会有意避开自己的。诺曼·温森·皮尔说过，"你并不是你想象中的那种样子，而你却会是你所想的那还种人。"

28

这么说，是不是就说明任何人都要抱着习惯性乐观的心态面对所有的困难呢？当然不是。生命总不如我们所想的那么简单，所以不论是谁都要积极地去面对，消极面对总不是正确的态度。换句话说，自己面前的那些问题自己必须重视起来，而不能因此而忧心忡忡。那什么是重视，什么是忧虑呢？简单地说，就比如一个要通过交通拥挤的纽约市街区的人，如果一旦自己的关注点放在了这件事情上，就一定不会感觉害怕。所谓的关注点指的是自己认识到问题出在哪里，坦然地去采用各种办法去解决它，要是只是一味地忧心忡忡，那真就像个疯子。

每个人都会面临一些很严峻的问题，与此同时，他还能谈笑风生、镇定自若地大步向前走。罗维尔·汤马斯就是这样一个人。

罗维尔·汤马斯是个很优秀的演员，他曾经主演过一部著名电影，这是一部有关于艾伦贝和劳伦斯在第一次世界大战中出征的电影。一开始，他和几个助手在几个战争遗址上拍摄了一些关于战争的镜头，他们力图用电影的方式全面地记录劳伦斯和他麾下的那支多姿多彩的阿拉伯军队在战场上所发生的一切，同时还希望记录艾伦贝征服圣地的经过。整部电影中有一篇贯穿于全片的著名演讲——"巴勒斯坦的艾伦贝和阿拉伯的劳伦斯"，它几乎轰动了整个伦敦和全世界，就连伦敦的歌剧节也因此而推迟了6周，这么做只不过是为了让他可以继续以便利用卡尔文花园皇家歌剧院这个非常完美的舞台继续讲述这些冒险故事，保证影片继续放映。在伦敦获大获成功后，汤马斯开始了他的周游世界的计划。完成了自己的旅游计划后，他又开始准备自己的新片子，两年以后，他开始准备自己的另一部关于在印度和阿富汗的生活纪录片。

很不幸的是，不久以后的连续几次让人难以置信的打击之后，他发现自己居然已经破产了。那个时候的他早已失去了往日的风采，不得已只能在街头小店吃很便宜的东西。想想如果当时苏格兰著名画家詹姆士·麦克贝不在他的生活中出现，且借给汤马斯钱的话，即便是街边最便宜的东西估计他也吃不了多长时间。

就在罗维尔·汤马斯背负巨大债务，同时处在巨大的失望情绪中的时候，他并未感到忧虑，反倒是很关切此时。汤马斯知道，如果自己被霉运击垮的话，就不会有人看得起他了，毕竟连自己都看不起自己，何况他人，更别提他的债权人会怎么看他。每天早上他出门之前，都要在自己的衣襟上别上一朵鲜花，再昂首走上牛津街头。那是他自己激励自己的方式，是他自己让自己的内心积极而勇敢，没有在巨大的挫折面前倒下。挫折在他眼里虽然带给他的生活无尽的痛苦，但这怎么算起来都是整件事情其中的一个部分，是每个人要到达顶峰必须经过的训练。

人的身体和能量都会受到精神状态的影响，而且这种影响时常让人感到不可思议。英国著名的心理学家哈德菲曾在他的《力量心理学》那本仅有54页的小册子中描述了这种情况。他说道："我请来了三个人，以测试心理受生理的影响。我们采用了握力计来测量。"

在他的要求下，他们要在三种不同的情况下竭尽全力抓紧握力计。正常情况下，他们的握力表现为101磅。第二次实验时，他们则处于催眠状态，而且在实验之前告知他们本人处于虚弱状态，这个时候的握力表现要查了很多，仅仅只有29磅，这几乎还不到清醒状态下的1/3。

端正自己的工作态度

前面提到过,态度决定一切,执行力来自于态度,同时它也是员工能够完成自己的工作和任务的重要保证。既然执行力源于态度,那么对于个人来说,要增强个人的执行力,就必须重视两方面的因素——个人能力和工作态度,能力是基本的保证,态度才是关键因素。从这一点上看,执行者端正了自己的工作态度后,才能提升自己的执行力。

简单来说,提升执行力其实就是端正态度问题,态度是执行力提升的基本要素。

潍坊教育学院院办主任刘超荣教授曾著文指出:"工作态度关系到执行力的质量。"他在文中用了学校里的两个例子详细分析描述了这个道理。曾经学校发生过两件事,一件事是迎新生工作。学院详细安排了以后,各个院系的领导和教师思想上都十分重视,他们把握着迎新生各项工作的细节,做了详细的计划,安排该怎么做,怎么做才好,一项项几乎都落到了实处。应该说,在迎新生这项工作上,全院的教职工都本着积极服务的精神,争取一丝不苟,迎新生工作结束以后得到了学生和家长的好评。这件事证明有了端正的工作态度,无论怎么做执行力的效果都很有效。另外还有一件事情——新生军训,正因为大家的工作态度存在着"差不多"的思想,结果第一天工作就在执行计划上出现了问题。前后两件事情说明,同样的一批人,同样的对象,但是工作态度迥然不同,工作的效果就有了非常大的差别,工作态度积极才会有很强的执行力,反之则难以成功。

刘教授的文章已经解释了为什么很多在同一家公司做相同的工作,多年以后，有些人不断地晋升，担任了公司中的重要职务，但有些人却仍然碌碌无为，甚至有人已经被炒了鱿鱼。下面再说个故事，或许能从另一个侧面说明刘教授说的这个道理。

有两个从名牌大学同时毕业的学生——李迪和董林，也应聘到了同一家公司工作。两人在入职后都认为自己会被公司重用，或是被安排到重要岗位。结果那么不尽如人意，他们都成为了公司里最不起眼的岗位上的一名普通职员。于是，他们开始抱怨老板不重视自己，没有重用他们，不过两个人的想法并不完全相同。李迪从一开始就准备跳槽，他打心眼里就不喜欢这份工作，他开始消极怠工，总是缺勤，三天打鱼，两天晒网，在工作上一点起色都没有。董林与之不同的地方在于，尽管心里也有不快，却仍然安心工作，还在工作中创造了可喜的业绩，获得了公司和老板的认可。不久，董林就被调到了重要部门，而李迪却被老板炒了鱿鱼。

两人的结果说明了，尽管在相同的环境下，工作态度不同，就会导致不同的未来。不管是什么时候，消极应付工作，结果只会是碌碌无为，而换一种积极的态度去对待的话，不但可以提升自己的业绩，还能收获许多意想不到的收获。

对待工作的态度直接影响了执行力的强弱。如果总是以一副消极被动的模样去面对工作，就很难有高效的执行力，也就很难把工作做好。

总之，不论从事什么样的工作，不论工作的目的和成果是什么，工作态度都会最终影响工作的成效，这是任何工作中都存在的共性。良好的工作态度是保证每个人走向成功的重要前提。所以说，在工作中的人们首先要端正自己的工作态度，时时提醒自己要保持良好的心态，认认真真对待自己的工作，尽自己所能去为公司贡献自己的一份力量。别认为良好的心态只对公司有帮助，对于个人也有很强的推动力，公司的进步和个人的进步是相互促进的，一般情况下，公司业务有了进展，自己也会得到不同程度的充实，自己的能力也会得到相应的提高。

这里说到的执行力并不简单的是一种工具，它强调的是正确的工作态度。

前中国国足主教练米卢就说过："态度决定一切。"可见，执行力来自于正确的工作态度，若没有良好的心态，何来执行力？

一家展会公司项目的负责人麦先生，在他还是刚进公司的员工时，做的工作都是最基础的工作，他必须在短时间内熟悉公司整个工作流程，这通常需要一个过程。众所周知，展会业的工作内容和流程的筹备期一般都比较长，而且工作内容也相对繁杂琐碎，不论是谁，刚进这个行业都必须经历这个过程才会熟练掌握工作流程，最终才能成功地举办一个项目的展会。通常在展会的准备阶段，展会公司的工作程序主要包括了宣传、招商、租借场地和反复确认等程序。在这些流程当中，细节问题是最不容忽视的，尤其是要不断地打电话给参展商沟通和确认方面。

尽管说起来给客户打电话这件事很简单，但要把工作做好却一点都不轻松。麦先生后来发现自己所在的公司有一位新入职的员工慢慢地就受不了这份工作了，开始只是敷衍了事，或者就是开始"捣糨糊"。当麦先生为他找全了所有客户的名单以后，让他一个个地给其他公司推荐自己公司所举办的展会，了解一下客户对这个展会的态度的时候，他总是做事虎头蛇尾。一开始打电话打得很卖力，几个电话打完他就开始偷懒了。到了最后，麦先生发现，但凡第一遍没打通的电话，或是暂时无人接听的客户公司，这个员工都不愿意再打一遍了，随即就向麦先生报告说："上面这些客户公司都没有意愿参加本次展会。"这种工作态度实在是太过敷衍。此等工作态度要是蔓延开来会给公司带来多大的损失啊，这实在不敢估量。

太多人看到这个员工的做法后都难以接受，尽管麦先生通过各种方式一再地暗示、提醒他改变工作态度和工作方式，可是他并没有接受，仍然坚持用消极负面的工作态度面对自己所从事的工作。这是让麦先生很是放心不下，只要是这个员工向麦先生报告事情存在困难而无法完成时，麦先生总是比较谨慎地持怀疑态度。照麦先生来看，工作态度如此消极的员工，态度如此不好的员工相信应该没有哪个公司会喜欢吧。

一个人在工作中的任何行为都由他的工作态度直接决定，有什么样的态度说明了他对待工作是尽力尽心还是敷衍了事，是负面对待还是积极进取。一般而言，有积极工作态度的人才会下定决心好好对待工作，才会对工作投入更多的心血，也才可能从工作的回报中获得自我理想的实现。从另一个方面来说，工作态度还影响了他在工作中所发挥的能力的大小，影响他所能创造出的业绩大小，更是决定了他在公司中所能处的位置和所能达到的价值。之所以有些人在一个岗位上停滞不前，和能力或许没有太大的关系，很大程度是因为工作态度不够端正。

端正自己对待工作的态度，是提高执行力的关键所在。无论是普通的员工还是管理层，都必须真切地从内心认识到工作态度与执行力之间的密切联系，只有端正了自己的工作态度，工作执行力的提高才有希望。

变被动执行为主动执行

同一份工作，有些人做起来如鱼得水，顺风顺水，而其他一些人则是事事抱怨，怨声载道，怎么会有如此大的不同？看来原因不出在工作本身。

这两种人之间最大的区别就在于，第一种人的态度是积极的，是主动的，愿意自动自发地去完成任务，并且在工作出现失误时也能勇于承担责任；相比前者，后者的表现就不尽如人意了，他们往往像"算盘珠子"一样，拨了才动，不拨不动，在工作中也很少思考，或是主动承担一些责任，在他们眼里除了上司交代的工作以外，就没有工作了，即便是上级或者领导交代的工作也大多都是敷衍。这种人习惯给自己找各种借口去逃避工作，诸如"老板没交代我去做这件事情"、"老板又没有吩咐"，等等。能找这种借口的人通常是不会主动出击的，对待工作只是被动消极。

美国钢铁大王卡内基曾说过一句很经典的话："有两种人永远都会一事无成，一种是如果别人没有要他去做，他是绝不主动做事的；另一种则是即使别人要他做，也做不好事情的人。那些不需要别人催促，就会主动去做应该做的事，而且不半途而废的人必将成功，这种人懂得要求自己多付出一点点，而且比别人预期的还要多。"

著名的成功学家拿破仑·希尔也曾经就主动执行的作用说过："主动执行是一种极为难得的美德，它能驱使一个人在不被吩咐应该去做什么事之前，就能主动地去做应该做的事。这个世界愿意对一件事情给予大奖，包括金钱与名誉，那就是不找借口、主动执行。"

拥有主动执行力的员工在公司里不等老板安排就会依据工作进度主动请缨，排除工作中的困难，主动为公司创造业绩，这才是真正优秀的员工。另外一部分人，则是被动地在公司的规章制度督促下才去做，甚至连做都不做，这部分人和第一种人有着天壤之别。这两种人，作为老板谁都会选择第一类人，而放弃第二类，这是毋庸置疑的。

公司里的老板绝不会喜欢那些凡事都找借口的人，他们需要的是可以承担责任的主动执行者。作为领导该如何调动员工的主动性呢？

第一，开发员工的自主能动性。

比尔·盖茨曾说过："一个好员工，应该是一个积极主动去做事的人。这样的员工，不必依靠管理手段去触发他的主观能动性。"

李开复对好员工的看法几乎与比尔·盖茨类似，他说："不要再只是被动地等待别人告诉你应该做什么，而是应该主动地去了解自己要做什么，并且规划它们，然后全力以赴地去完成。想想在今天世界上最成功的那些人，有几个是唯唯诺诺、等人吩咐的人？对待工作，你需要以一个母亲对孩子般那样的责任心和爱心全力投入、不断努力。果真如此，便没有什么目标是不能达到的。"

只不过，这样的好员工在现在的企业当中还不是很多见，很大一部分人的主动性都不强，都在等、靠、盼，总需要上司或老板吩咐做什么事，说清楚怎么做之后才会开始工作。如此不具备主观能动性的员工，如何能完成上司交代的任务，又怎么能让上司或是领导放心和认可呢？

在比尔·盖茨的微软公司里，员工的主动性是比尔·盖茨最为看重的，尽管很多人有很强的专业技能和竞争力，但缺少主观能动性那就称不上是一个优秀的员工。微软公司最迫切需要的员工，是必须在有效的时间内采取直接的、重要的行动为公司赢利或是占据有利的市场地位的优秀员工。

凡主动工作的员工，都会是一个优秀的员工，这和他从事什么行业的工作没有多大的联系。这类人可以把工作做得很漂亮，不仅限于此，还会对自己的上司说："或许还有更好的办法。"他们在工作中积极主动，喜欢主动思考，做什么事都容易成功。

说到具有主观能动性的员工，就不得不提到一个人，微软中国研发中心的桌面应用部经理毛永刚。1997年，毛永刚进入微软开始工作，最初主要负责做Word软件编程工作。做Word软件的编程，公司里的上司交给他这个任务的同时并没有告诉他该怎么做，该用什么工具，上司不过只是描述了一个大概，毛永刚接手后一时间也没有头绪。在和美国总部进行了几次交流沟通后，毛永刚得到的答复也就是：一切都交由他来负责如何开发。既然总部对Word软件没有硬性规定测试程序和步骤，那他就从客户使用的角度出发，充分考虑到产品实用当中的设计和客户的使用习惯等等方面，结合自己的理解，挖掘出了不少软件开发中必须注意的问题。没过多久，现在被所有使用电脑的人所熟知的Word软件在毛永刚的研发下问世。毛永刚开发Word的例子说明，员工的主动性能够帮助企业设计出最让客户满意的产品。

在很多企业内部，判断一个员工是否优秀，最重要的标准就是他在工作中是否具有主动性。积极主动的员工，可以把上司或是领导交代的工作圆满地完成，相反，那些不主动工作的人则做不到这一点。

第二，激励积极主动的员工。

在职场中，不同的人对主动工作和被动工作的理解不同，则执行的结果也就不同。有些人认为，只要按照老板或上司吩咐的做就好了，以免节外生枝，给自己惹来不必要的麻烦，反倒是自己给自己添乱了。另外一些人则很善于发挥自己的主观能动性，只要认为是该为公司做的事情，不论上司是否吩咐过自己都会努力去做。所以，他们总能在不破坏公司大原则的基础上，主动承担一部分在别人看来是他们分外的任务，出色地为公司创造更多的赢利和财富。

只要养成主动执行的习惯，就有可能从众人中赢得脱颖而出的机会。

珠海格力电器有限公司副董事长兼总裁董明珠，是中国空调界一个响当当的名字。她之所以能成功，或许一些工作中的小事能瞥见一斑。这里就和大家一起分享一件小小的事情，关于董明珠的"主动讨债"。

刚刚进格力电器的时候，董明珠做的不过是最底层的销售人员，被公司派往安徽芜湖开拓市场。在她来之前，前一个销售人员做得一塌糊涂，给董明珠留下了一个烂摊子，这其中就包括一家拖欠了货款很久的经销商迟迟不愿付款，几十万元的货款始终是笔死账。

其实在董明珠刚到芜湖时，公司并没打算把这家经销商的收款计划交给她，她完全可以置身事外，把自己分内的工作做好就很好了。不过董明珠并不那么认为，她已经把自己视为格力的一分子，既然有客户拖欠公司的货款，自己既然是这个地区的销售员就有必要、有责任帮公司要回这笔货款。有了这样的想法后，董明珠就开始跟那家不讲信誉的经销商软磨硬泡，几个月以后，虽然货款没有要回，但把货要回来了。

董明珠的这次行为很多人都视为"多管闲事"，却让公司看到了董明珠的实力和商业才能。不久以后，她就从众多的基层员工中脱颖而出，当上了销售经理，随后又成了公司的总裁。

董明珠的要债事件让所有人看到了成功并非偶然这一道理，毫无疑问，是董明珠的主动工作精神让她成就了自己事业道路上的第一个成功。

一个人的执行力从根本上讲都是要依靠本人积极主动去做需要做的事来锻炼的,有了主动性之后,执行的效果就会迅速提高,哪怕是那些乍看起来并不容易实现和完成的事情,也要发挥自己的主动性去执行,没准哪一天就实现了呢!

在执行力的众多要素中,核心要素就是工作的主动性。若是想要成为一名优秀的执行者,就必须首先会调动自己的主动性,自觉地变被动执行为主动执行,才会有机会降临在自己头上,成就一番事业。

在其位就要谋其职吗

曾经有人说过,要是把自己的公司当成家,自己就会被公司视为家人,要是只把公司看成是旅馆,那么公司也会把自己视为在旅馆暂住的客人。这种关系是相互的,就好像想成为赢家,首先要让自己成为专家,而要想成为专家,就要先把自己的公司看成是自己的家。身为企业的一员,要问问自己是否能够让"企业成为我的家?"这个问题只能由自己来回答。在公司里,有主人翁心态比什么都重要,自己若是愿意成为企业这个大家庭的主人,就要在这种精神的指引下做好自己应该做的每一件事情,并持之以恒地面对每一件工作和每一项任务,这是把公司当家应有的姿态。实在做不到把企业当成自己的家的话,那就注定只能是如企业长远发展历程中的一个匆匆过客。

任何一个组织在每一个环节、每一个层级和每一个阶段都应重视的问题是执行力问题，无论以什么形式参与到这个组织内部的所有成员都应共同担负起责任。

在组织内部，处在不同岗位，执行不同任务的人都有自己各自的责任，都有自己分内需要承担的事情。做好分内的部分，是职业的基本要求，也是执行力表现的基本要求。

时常听人们说要"在其位而谋其职"，要是有人"在其位而不谋其职"或"在其位而乱谋其职"，结果只有一个，那就是失职，还可能造成严重的后果。最近几年有不少可怕的灾难性事情发生，都是因人为失职而造成的不可挽回的事故，例如交通事故、煤矿坍塌、火灾等重大事故。一点小小的失误就会带来巨大的损失，此时失去的就不仅仅是财产，而是要付出生命的代价了。

每一次惨痛的教训都在提醒着大家"责任重于泰山"，还在警示着世人执行的第一步是要履行自己的职责。

在一个封闭的组织内部，不同岗位对组织执行力所起到的影响力是不同的，但缺一不可。其中哪一个岗位上的人不谋其职的话，就很容易影响这个岗位对组织执行力的作用，整个组织就会因此出现一些问题。一个岗位的价值无法在合适的员工的工作下得到充分体现的话，组织的执行力会在一定程度上削弱的。

把组织比喻成结构严密的整体，工作任务各异的岗位就仿佛是这个机械整体中的构成元件，一个元件的运作一旦出现问题，就会牵一发而动全身，波及整个组织的运作，甚至颠覆整个组织！

所以，在组织内部必须要求员工们在其位谋其职，这要求并不过分，而且是合情合理的。现实当中，不少组织内部的成员尽管身处某一个岗位，却始终朝秦暮楚，并不专心于自己的工作，不主动工作，却期待奇迹的出现。还有人希望给自己留一条后路，想着有一天会有好的机遇降临，期望东边不亮西边亮，殊不知没了太阳，东西两边是都不会亮的。

曾经有人请教成功人士，想知道个人与岗位之间的关系究竟是什么。他问道："是什么让你在这个岗位上稳如泰山呢？"

成功人士这样回答道："工作的时候，就集中自己的注意力认认真真地只做一件事，那就能做得尽善尽美。说得简单一点，就是那句话在其位就要谋其职。"

毛主席说过世界上就怕"认真"二字。事实上，有了认真的态度，随时随地保持紧迫感，完成工作以后先反省一下自己是不是已经尽力了，是不是已经做好了，对改进自己，完善自己有很大的帮助。

不等不靠，要务实进取

解决组织内部的问题，是成为公司中一个颇受重用的人的基础条件。不能解决企业或是组织内部的问题，只停留在口头上，那就是口号主义。企业或是组织出现的问题总是需要人去解决的，否则只能停滞在原地踟蹰不前，解决了就能继续往前走。所以组织需要那些能够有能力和素质解决问题的人才，这些人的存在价值就是为了企业和组织解决问题。争取做一个实干型的人才吧，做个能帮自己的组织解决问题的人。

格兰仕如今算得上是国内微波炉界的冠军品牌了，甚至在世界上也是数一数二的微波炉品牌，可谁曾知道，格兰仕在卖出第一台微波炉时也碰到了很大的困难。

创办初期，格兰仕第一年试生产了1万台微波炉，却不知道市场在哪儿。整个格兰仕公司的上上下下都在为这个事情而发愁。

格兰仕刚刚进入市场时的处境就是如此。可是既然到了上海，如果没能打开市场又该怎么办呢？产品已经运到上海了，总不能不卖出去再运回厂里吧。把产品卖出去成了每一个格兰仕销售人员每天最头疼的事情，格兰仕人的压力可想而知。作为一线的销售人员天天都在思考同一个问题，那就是如何把微波炉卖出去，这对他们而言是他们的职责所在，问题就摆在面前，要解决，还要解决好。

到最后，实在没辙他们只好转变思路，开始把市场对准那些紧紧追赶国外潮流的人并随机发挥："你们知道，格兰仕的公司总部离香港很近，我们很注意和国际上的技术接轨，主要采用的是现在最先进的日本技术制造。您看看这照片，这是从东芝引进的生产线，从这条生产线下来的产品质量您应该知道。您还可以先试试看，不论做什么都很方便的。"

一段时间的公关后，终于有了成效。一家商场的销售经理先顶不住了，对他们说："你们确实让我拿你们没办法！我也是给老板卖命的，我也不能决定是不是要进你们的货，先试一下吧，给你们一个机会，不过只能放三天，要真没人买的话，我就不管了。"

陈曙明听完，已经十分欣喜，连连点头说："太谢谢了！只要给我们三天，如果卖出去了就继续放，不行的话我们马上走人，不会让您为难的。"

有了这三天的应允，他们第一次把自己的产品推向了市场，即便柜台在角落里一个很不起眼的位置，但大家还是很兴奋地将它布置得非常漂亮，还彻夜不眠地构思起他们的销售方案。他们打算利用这三天的时间大干一场。

他们知道商品只是摆放在柜台上，却没有一点点推销策略，是很难有人注意到他们的，产品也是几乎卖不出去的，指望商场售货员尽心尽力去帮忙推销也不太可能，对于商场里的销售员来说，人家本来就是勉强让他们进来的，就算愿意也缺乏相关知识不好推销。想到这儿，陈曙明决定带着自己的业务员临时充当售货员的角色，亲自上阵推销产品。

陈曙明一边演示微波炉如何使用，还一边让顾客们品尝刚刚从微波炉里烤出来的新鲜食物，他一刻不停地向顾客推荐微波炉。一天很快就过去了，结果并不尽如人意，看热闹的人多，可是真心来买的人却不多。

最后一天，陈曙明把米和水带到了商场，他知道精打细算的上海人，很在乎自己用微波炉是不是可以比用液化气更省钱。于是，他针对这一点，重点介绍了微波炉省钱省力的特点。说到这儿，突然有一个女顾客走上前去，轻轻地问一句："这是真的吗？"

陈曙明看到了有顾客上来，一下来了信心，他此前就做好了功课，拿出了一大堆具体的数据来介绍自己的产品，诸如能节省多少水，能省掉多少电，等等。陈曙明一面说着，一面在用自己的亲身演示来告诉这位顾客。

米饭煮好了后，女顾客尝了尝说："还不错。"

陈曙明听完紧接着说："您相信我吧，买回去一定会让你省电省水的。"

女顾客听了以后点点头说："看来确实不错，那我就买一台回去试试看好了。"陈曙明心中一阵喜悦，只是突然间这女顾客又说："今天我忘了带钱了，要不我明天再来看看。"

此时的陈曙明很清楚第三天如果过去了，一台微波炉都没有卖出去，他和他的团队就再也不能在商场里卖微波炉了。所以他不会轻易放弃这次机会，他一边在心里叫苦，脸上却还是微笑着对这位女顾客："没关系。要不我们把产品给您送回去，如果您一个人不方便的话。"女顾客还没反应过来，他就让自己手下的业务员出去拦下了一辆的士，自己还顺便把一台微波炉扛到了自己肩上。

说实话，那时候的上海，如此周到的售前服务实在很难见到。陈曙明和他的团队用他们的真诚和智慧在上海用三天的时间卖出了格兰仕的第一台微波炉。

43

第一次拿到自己的销售额，陈曙明兴奋不已，马上跑到了离卖场最近的电话亭里，打电话和其他人一起分享喜悦。

听到这消息，全厂一片欢腾。

直到今天格兰仕人仍旧坚持用他们的实干精神来赢得客户，他们的理念一直都是"努力，让顾客感动"，和陈曙明的团队当年卖出第一台微波炉的精神实质一脉相承，此后的每一台格兰仕微波炉的卖出都扎扎实实地体现着格兰仕人的实干精神。"努力，让顾客感动"已经成为了现在格兰仕集团的销售宗旨。

员工的工作态度几乎可以缔造企业的历史和文化，像陈曙明和他的团队这样能够帮助企业来解决问题的员工，哪个企业都不会放过。作为员工，努力克服困难，他们的责任就是要在困境中找到解决问题的方案，实干精神，这是克服困难解决问题的员工的基本素质。

既然优秀的员工是敢于直面工作中的问题，一个优秀的组织也必须如此。问题和困难出现，不能逃避，它们不会因为时间的推移就消失了，真正正确的做法就是在问题面前，踏踏实实地找到解决问题的方法。

再来看看另一个企业的例子。

欧派在国内橱柜业如今已经是风生水起的品牌，但它和格兰仕一样，在初入这个行业之初，它的品牌竞争力并没有现在这么强。尽管它的老总姚良松和他的团队素质并不低，但学习飞机制造背景的他们，一开始要做橱柜生意还都是地地道道的门外汉，所有东西都要从一点点的尝试开始。

在那个团队当中，邓发光所负责的业务是买材料。曾经有一次，他所买回来的不锈钢配套盆子一拿回来就发现，所有盆子都锈迹斑斑，表面还都粗糙凹凸。当时所有在场的员工都惊呆了，脑子里浮现的第一个念头就是他上当受骗了。发现了这个问题之后，他就急急忙忙把盆子装上车，迅速送回给卖家，邓发光在卖家面前满脸的激动，指着盆子，一副想和对方争论的样子，他的想法就是不退货坚持不离开。

卖盆子的人看到了之后一时间没明白这群人是来做什么的，过了很长时间之后才知道他们是一家销售不锈钢橱柜的公司，可是他们居然不知道什么是去锈抛光。

不过卖家看在他们是大老远过来的，就帮他们做了相应的处理。很快，盆子进了车间，没花多少工夫，再出来的时候就已经和之前完全不一样了，个个闪闪发亮。邓发光等一群人看完了以后很是不好意思。

这不怪他们，大多数新兴的企业在创业初期都有过类似的经历，总是在摸爬滚打当中一点点走向成熟的。其他生产型企业也是如此，姚良松很明白这一点，于是，他第一个要思考的是如何制造出好的产品，再来就是如何给他开拓一个相应的市场，把它们推向市场。

市场一旦打开以后，接下来要做的就不再那么难了，不断地跟进拓宽市场就可以了。姚良松在为欧派打开市场以后就是这么想的，但事实是否如此呢？

就在欧派的橱柜刚刚打开了市场的时候，人事监察部的一位负责人突然提出了一个方案，希望姚良松把一份股份分出来，公司每天都在发展，越来越多的业务如果由更多的人一起来分摊管理的话显然要科学得多。

这个建议让姚良松颇感意外，因为他从来没想过这件事情，他满脑子里都在设计该如何给欧派橱柜扩宽市场。当这位负责人提出这个建议的时候，逼着他开始考虑关于股份的事情了。

如果分的话，员工在拿到股份以后，是不是就不会像从前一样只为了多拿点奖金努力工作。要是失去了工作的动力，不主动积极地工作，公司的发展会受到很大的影响，但年底的奖金却不能不给，而且有股份年底还会有分红，这么一来结果实在是太可怕了。

但要是不分的话，大家都是一起打拼过来的，本来就应该在公司发展得顺风顺水的时候好好和自己的兄弟一起分享。

到底该怎么办呢？

姚良松苦苦思索了以后发现，欧派的核心管理层人员一般都是中国的名牌大学毕业生，对于他们这批受过良好的高等教育的兄弟们，包括未来要在欧派就职的新员工，究竟什么样的方式才是他们能接受的，而且还不挫伤他们的工作积极性呢？姚良松要怎样才能够规避这次危机呢？企业文化或许是一服良药，兴许能起到奇效。

姚良松的第一步就是把一年一度的干部会议举办的地址从公司移到了"岭南第一山"罗浮山上。

姚良松的考虑是，当这批正值黄金年龄的精英们登上罗浮山后，谁不会有一番雄心壮志呢？

大家在罗浮山上一起热烈地讨论了几天，关于欧派的未来自然也在他们讨论的范围之内。在场的绝大多数管理者以他们所受到的高等教育的角度出发，在平等、唾弃权威、淡化出身、强调才能等方面都达成了一致共识，他们也相信这也许就是公平、光明、团结、自由的欧派企业文化！

那就剩下了一个现实的问题，关于股份，是分还是不分？

比起企业文化，股权一直是个很棘手的问题，要提出一个公平且合理科学的方案还是有一定的困难，毕竟既要有利于眼前，还要对未来有所帮助。要是给现在的员工分了股份，那对未来的员工就不是很公平了，不论如何都会引起同工不同酬的争论。因此，大家讨论到最后也没同意分股份，以免引发一场不必要的人事危机的产生。

在工作当中每一项举措的最终目的都是要为企业或是组织解决各种各样的问题，不管这问题是大还是小，只要执行了公司所委托的任务都必须解决。就这层面的意义来说，员工的基本职责就是为企业或是组织来解决难题。就算是照情理层面来说，哪个老板都不会愿意给自己请来一个不解决问题、不干活的员工，还要每个月定时给他派发薪水。

自己岗位上的工作完成了，才能算得上是一个合格的员工，这是最基本的要求，但实际上有不少人连这一点都做不到，老板又有什么理由去信任这样的员工呢？因此，想要做一名真正优秀的员工，着实要下一定的工夫来迎接挑战。

解决问题本身就是一种挑战，说起来并不难，要真正做到就不是那么简单了。这也是为什么有的员工能够在短时间内提拔晋升，有的员工却总是停滞不前，更有人被辞退和降级的根本原因。

要是选定了自己的职业方向，就要为自己搭建一个职业平台，保持正确的心态，无时无刻不体现出实干的精神，为自己迎接每一次要面对的问题的挑战而准备着，让实干精神体现在每一项工作任务和工作环节之中。只有这种人才能被企业和组织认为是一名合格的员工，才是真正有本事的员工。从另一个侧面来说，认真工作也就可以慢慢享受到工作中的乐趣，成为享受工作的人。到那时，一切仿佛豁然开朗，人们可以从中明白这样一个道理：不是工作离不开自己，其实是自己离不开工作。这里所说的工作和赚钱这种最基本的需求关系已经不大，自己所享受的也不是工作中赚钱的快感，更多的是自己心甘情愿为工作努力。

自觉、自律与自主，拒绝等靠

古人常说："修身、齐家、治国、平天下"，为什么其中独独缺少立业这一个重要的项目呢？难道是先贤疏忽而致？这显然不是，古人之所以没提到这一点，当然也不是因为古代经济发达程度有限，各行业的发展都滞后而导致的，他本身透露出了一个很独特的信息。

立业本身的目的性并不强，古人所说的修身、齐家、治国、平天下这些重大人生使命要完成都要依托事业的发展，否则事业再发展，各方面经营得再好，也没有太大的价值。管理是"修己安人的历程"，修己就是管理的全部起点，作为管理者第一要具备的修养就是修己。这可不是一个可有可无的修养，也不能只是放在嘴上说说，缺少实质性的东西算不上修己。

修己，修的内容究竟是什么呢？其实很简单，无非三点——自觉、自律、自主。那么到底要如何做到呢？

第一，自觉。

他人要对我们客气的时候，要保持很高的警觉性，主动讲理。不论对方用什么方式，自己都要衡情论理，以一种最为合理的态度和行为，以求事情做得合情合理。

讲道理，做人最要紧的就是对谁都要讲道理。只不过大多数时候道理很难辩明讲通。双方在理论的时候，很可能一方觉得有理，另一方认为无理，这并不是双方不讲理的表现，正是因为双方都在讲理才会有的争执。一般这个时候，双方最好的做法就是互相客气地提醒对方，凡事只要点到为止，彼此留些时间自行调整。

人们在这个时候常常说到的一句话就是"没关系"。说没关系，其实多半都有"有关系"的意思在里面。一听到这样的话，就要有所警觉，别总认为对方觉得真的没关系，更要用有关系的角度去替对方思考，要依据一定有关系的标准，适当地调整自己的态度和行为。只有这样，对方才会真正地感觉没关系，并愉快地以没有关系来结尾。

可惜有人不这么想，听到没关系一类的客气话，就认定自己和对方所想的是一样的，自己还真的很有福气碰到一位宽宏大量的仁兄。这其实就是不够自觉，错将他人的客气当作自己的福气。这结果就显而易见了，对方最早是认为没有关系，但最后却以有关系结束。而彼此之间的差异就在于总有一方会认为："为什么我对你总那么客气，你还如此不讲道理。这种不自觉的人，我要怎么来跟你有互动呢？"

所以与人交流要尽量留有余地，多出于善意的角度为对方思考，这样才能达到期望的效果。

第二，自律。

如果不满意他人的表现，应该如何正确地指出呢？直接指责肯定不是最佳的方案，立刻和他理论也不对，最好的办法还是先给对方以尊重，再以情动人，让其自觉地讲理，感觉到自己言行上的不足之处，以便进一步调整。

谁都有犯糊涂的时候，这个时候就会下意识地做出一些不合理的举动，容易犯下一些无心之错，强硬地马上加以指责，彼此势必会让对方存有一定的成见，明明是无意的，都会被认为是有意，偏见就此产生了，那又何苦呢？彼此之间的交互法则，倘若把对方视作是有意犯错的人，那对方会怎么想，既然已经是有意犯错，那干脆一错到底，结果还能坏到什么程度呢？这态度显然不对，显然是一种因恼羞成怒而产生的非正常反应。不可否认，这种情绪一般人都无法克制，人就是人，总有优点和缺点。好好反省一下，这和理智没太大关系，是因为自己先把对方视为有恶意的人，才让对方恼羞成怒的，这么说来，双方都是有错的。

被情感控制了理智的人，难免会有些不恰当的举动，这时候很难和他摆事实，讲道理，他的自我防卫心理此时比任何时候都要强，甚至还会说出"公说公有理，婆说婆有理"的"理不易明"，用一些歪理证明自己的正确。随后就更可怕了，一些不合时宜的话已经出口，正如是说出去的话，泼出去的水，此刻若是不坚持，就失了尊严，于是就更强词夺理了。这种反应固然不太合理，但始终合情。对方还没做好准备，自己就打算和对方开始理论，操之过急只会导致相反的结果，把对方惹毛明显是自己的错误在先。

在要指责或争论之前，就先好好反省一下，要不换一种方式，试着用"同情心"（不少现代人很害怕说到这个情字，要说成是同理心也可以。不过在中国人的文化当中，两者的内涵是一致的。中国人讲究情，照理说不应该怕情字，那就姑且在这里称做是同情心吧，听起来也更有人情味一点）去化解双方的误会，为自己找到一个合适的机会去和对方论理。记住，要和对方讲道理，尊重对方这是十分必要的，这是典型的由情入理的做法。

在别人犯糊涂的时候，最是要提醒自己，克制自己的时候，人人都不免是要犯错的，一下子把人家逼到死胡同里，这不应该，至少应该给对方一个改正的机会，给自己一个自律的机会。这里提到了自律，自律的意思是自己把自己管制得恰到好处，自律的人在与他人交往中可以省去众多无谓的麻烦，也会节省不少时间和精力。

第三，自主。

最后一个就是自主了，它是指人必须随时提醒自己，主动自发地维护自己的自主。若是感觉自己被动了，总在他人的指示下行动，自我已经丧失了自主的权利，那就算不上是个自立的人了。

有自主性的人，主动还是被动的姿态都是自己可以选择的，只要有心要主动，那就可以继续保持主动性；选择了被动，那就要接受他人的支配和指示，慢慢地自主就会离自己远去了。

自由自在的生活谁不向往，但没有自动自发的前提，又何来自由自在呢？同理，大家都期望能过上安宁愉快的生活，缺少了自主怎么获得内心的安宁，又怎么会感觉到愉快的存在呢。人的尊严本质上就来自于自主自立，丧失了自主的人就无法自立，也就谈不上尊严。

没有人不喜欢自动自发，那为什么总有人做不到呢？主要还是因为不敢、不能或不愿自动三种原因造成的。第一是不敢，如果一个人每回自动的结果都不尽如人意，那势必会让他失去自主的信心，他害怕因为自主而招来不必要的麻烦。第二是不能，这一般是指那些实力不足的人的想法，自主对他们而言实在没什么把握。最后一种，是不愿，通常是心有不平，认为自己受了委屈，再没理由自动自发了。

这上面提到的三种，其结果都是让自己蒙受因为不能自主的伤害。不自主所带来的结果就是在他人的他动之下行动，那么外在的压力一旦增大，对自己的伤害也就越大。

好好磨炼自己，让自己每每自主行动就能取得好的结果，那又怎么还会惧怕自主的后果呢，也就很自然能够改变不敢自动，这就改变了不敢。减少自主行动上的一些障碍，好好修炼自己的本领，让自己有足够的信心和能力去自己支配一切，随时随地都能够恰到好处地自动，哪有不能的道理？提升自己的自主意愿，让自己明白天下的一切都是公平、公正的，既然有了公平，那么就不用所有人一天到晚地叫嚷着公平、公平，这样怎么都会给人一种心理暗示，仿佛公平是个遥

51

不可及的东西。我们所追求的不应当只是公不公平的事情，而是要让所有有本事的人，能够有相应的回报。如果自己没有本事，不改进纠正，反倒责怪起他人来，这就不应该了。

　　自主是来自于自动自发的，只依赖着他人的人，摆脱不了他人的指使，也就越来越不能自主，自信心也会跟着渐渐消失。其实，很多人的自主性特别强，希望凡事都可以自己选择，自己主张，所以自动自发对他们来说是很重视的一个问题，这是维系自己高度自主性的最重要的一环。

　　主动讲理之人必受人尊敬，而自律且尊重他人之人懂得如何让人有面子，自主会提高人自动自发的精神，修己的三大要领就在于此。

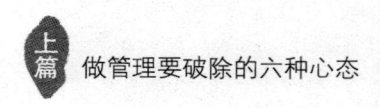

第三章 "不是领导不操心"
——破除过客心态

组织和个人的发展常常是联系在一起的,组织除了管理者以外,员工也不能总是把组织的发展视为与自己无关的事情。不能有过客的心态,要知道勇于承担责任,学会站在管理者的立场上,思考组织的前途,真正地把组织的未来和个人的发展结合在一起。

换位思考,该不该当过客

曾经在美国有人以 200 美元为赏金,征求"我如何快乐起来"的真实故事,目的在于激励人心,帮助人们懂得快乐的道理。

本次征求活动共聘请了 3 位评审委员,分别是美国东方航空公司的董事长艾迪·雷肯贝克,林肯纪念大学的校长史德华·麦克柯里南博士,以及广播新闻评论家卡坦波恩。经过层层筛选,3 位评审最终选出了两篇非常好的故事,但谁也说不准这两个故事究竟哪个更好，第一名的故事始终很难定夺。最后无奈之下3人只好选定两个故事的作者同时获得第一，平分了那笔奖金。

下面就来说说其中的一篇吧，它的作者是住在密苏里州斯普林菲尔德的波顿先生。

波顿先生在自己的故事中写道："我9岁时母亲在19年前的某一天突然离家出走了，从那以后我就再也没见过她了。12岁时父亲出了一场车祸，又离开了我。我还有两个妹妹，她们被我的母亲带走了，所以我从来没见过她们两个。在母亲离家7年以后，母亲给我来了一封信。我还有两个姑姑，她们年纪大了，而且病魔缠身。她们的家庭很不富裕，我的父亲去世了以后，我和我的两个弟弟就打算一起住到了她们家里去。"

"可是，她们并不愿意让我和我最小的弟弟住到他们家去，所以我们两个人只能在镇上靠好心人帮忙度日。那个时候我们最怕的就是被他人叫我们孤儿，或是被当作孤儿对待。很快，我们最怕的事情就发生了。在镇上有段时间，我和弟弟在一个贫民家庭住过一段时间，在那儿住的那段日子十分艰难，自从那家的男主人失业以后，他们的生活也出了很大的问题，没有办法再供养我和弟弟。直到后来，罗福亭先生和他太太收留了我，从那时起我就住在他们的农庄里。那时的罗福亭先生已经70岁了，身患带状疱疹，病痛让他只能躺在病床上。我当时很是害怕，但罗福亭先生告诉我，只要不说谎，不偷窃，听话做事，我就可以一直住在他的农庄了。听了这番话以后，我的人生仿佛被这三项要求禁锢住了，我为了有地方住，我只得完全遵照它们。后来我又开始上学了，不过上了一个星期的课以后，我就不愿意去学校了，我在家里号啕大哭，这是因为学校里所有的同学都说我是孤儿，还处处找我麻烦，取笑我长了一个大鼻子，还嘲笑我是个笨蛋。那时候的我在他们面前几乎抬不起头来，有时还想揍他们一顿。看到我这样，罗福亭先生对我说：'记住，揍他们并不是伟大，真正伟大的人是会远离他们且不想打架的人。'听了他的话以后,我再没跟同学打过架,甚至连想都没想过。有一次,我在学校里,碰见了一个小孩抓起一把鸡屎就朝我脸上扔过来。我气不过只能狠狠地揍了他一顿,因为这事儿我交上了好几个朋友,他们和我都认为这孩子是自讨苦吃。"

"那时候罗福亭太太给我买过一顶新帽子,我特别地喜欢。有一天,我的这顶帽子被一个女孩从我的脑袋上扯下来,给装满了水,结果我的帽子就这样被她弄坏了。之所以她要这么做,不过就是为了用弄湿了的帽子把我的脑袋弄湿。"

"那时的我总在家里痛哭流泪,却从未在学校哭过。罗福亭太太知道了以后,就慢慢地劝导我,要我放下所有的忧虑和烦恼,把所有的敌人都变成自己的朋友。她说:'小罗夫,要是你能好好观察他们平常都在做什么,对他们表示你的热情和兴趣的话,他们就会变成你的朋友了,也就再也不会有人叫你孤儿或是笨蛋了。'听完了她的劝导以后,我开始努力改变自己的做法。不久我就有了很多朋友,即便是我在学习上拿到了第一,也再没人忌妒我或是讥笑我,这是因为从那时起我已经学会了帮助他人。"

"我有很多男同学,他们总要求我帮他们写作文,甚至一些完整的报告我也当过枪手。这其中有一个孩子让我教他的功课,却不愿让他父母亲知道,所以总跟他的母亲说,他要去田里抓田鼠,其实是跑到了我住的农场里来了,把他的狗关在谷仓中,让我教他读书。还有另外一个孩子,我替他写过读书报告。此外还有一个女同学我也很耐心地辅导了她几个晚上的数学功课。"

"有段时间农庄似乎被死神所笼罩着,先是两个年长的农夫去世了,再有就是一个老太太的丈夫也去世了。农庄里有4户人家,最后只剩下我一个唯一的男人,我开始帮助那些寡妇们渡过了两年艰难的日子。每天我上学的路上,都会先到她们家里去,帮她们砍柴、挤牛奶,再给她们的家畜喂饲料、喂水。一段时间下来,大家都把我当成是他们的好朋友,没有人再去嘲笑我,骂我,她们都表示非常喜欢我。后来，我从海军退伍回来时，她们还去迎接我，并向我表达了他们的思念之情。"

"我退伍后的第一天，就有200多个农夫赶到我家来看我，甚至有人还是从80里外的地方开车特意过来的。那时候他们满脸真诚，都因为我曾经很真诚地帮助过他们。我很高兴见到他们，因为他们的真诚感动了我，让生活在这里的我不再有顾虑，毕竟已经有13年再没人提起我是孤儿这件事儿了。"

这就是那个拿到第一名的波顿先生的故事，看起来很是平淡无奇，不过这里面透着一种感动人的快乐在其中，而这种快乐源自于人与人之间的换位思考。

再举个例子来说说。

住在华盛顿州西雅图的已故博士佛兰克·陆培也非常善于换位思考。他是个因罹患风湿病而卧床23年之久的人，平常人只要一想到这个必然会觉得他的日子很是困苦。可是《西雅图报》的记者史德华·怀特豪斯曾经多次拜访过这位博士，他发现博士虽然在生活上并不方便，但他很大公无私，总能把自己的日子过得像模像样的。

一个卧床20多年的病人他的生活又如何能让健全人羡慕呢？普通人很难明白，他是否一天到晚都在埋怨和批评别人呢？当然不是。那他是不是也总是充满了自怜的情绪呢？当然也不是，他从来没想过要让所有人都注意到他，把他自己当成为众人瞩目的中心，他也没想过要让其他人都围着他转。他始终以威尔斯王子的名言"我为人民服务"作为自己的座右铭。佛兰克博士生前搜集了许多病人的姓名和住址，一封一封地给他们写信，每封信里都充满了快乐和鼓励，在对方感到快乐的同时，他也感到十分快乐。而且他还创办了一个专供病人之间通信的俱乐部，病友之间可以彼此通信联络。这个组织慢慢扩大了，慢慢演变成了一个全国性的组织，名叫"病房里的社会"。

躺在床上的佛兰克博士平均每年要写 1400 封信，他靠着别人捐赠给"病房里的社会"的收音机和书籍，给成千上万的病人带来快乐。

佛兰克博士与其他病人很是不同，他最大的区别就在于他的身体里有一股很强大的力量。他给自己设定了一个明确的目标和任务，让所有人都感到快乐，最终自己也快乐，这是他自己在为他自己的这项高尚而重要的理想而做的服务，他的快乐恰好源自于此。萧伯纳说过这个社会总有一种人是"以自我为中心的病人，没有一天不在抱怨这个世界没有好好地使他开心"，佛兰克博士绝不是这类人。

有一位伟大的心理学家阿尔弗雷德·阿德勒曾有一个惊人的论断。他常常对那些患有精神忧郁症的病人说："只要你肯依据我所开的处方去做的话，你的病在两周之内就可以医好。我的处方很简单，只有一件事那就是让自己好好想想每天要如何让别人高兴。"阿德勒博士的要求就是每个人每天都要为他人做一件好事，那么什么是好事儿呢？很简单，好事儿就是自己让别人的脸上绽放出幸福、快乐的微笑。

难道每天做一件好事，就能给自己带来如此大的影响吗？确实如此，别人因为自己而高兴的时候，就不止只想着自己了，因为心里装着他人。抑郁和恐惧往往是心里只有自己，只想着自己也就难免忧虑了。

她小时候出生在费城一个很贫困的家庭里，她说道："我的童年和少年是我此世最大的悲剧。我生在一个贫苦的家庭，这让我没法跟其他同龄的女孩子一样有相似的娱乐。可是我长得太快了，很快我的衣服就不合身了，但我也无法穿上最流行款式的衣服。我一直为此感到很是自卑，还委屈得很，常常一个人窝在被窝里哭。最后，绝望让我想出了一个办法，那就是每每参加晚宴的时候，我总让我的男伴提一些建议，关于他的过去，关于他的经验还有他的看法等，有时他还会把自己未来的计划告诉我。"

"我为什么要这么做呢？是我对他的话特别感兴趣吗？不是，其实我这么做只不过是为了转移他的注意力，也就是这样他才不会去注意我过时的难看的衣服。可是时间久了以后，有件奇怪的事情发生了，我和男伴聊的时间越长，自己对他们所谈论的话题就越感兴趣，这次是真的感兴趣，因为我对他们的认识已经上了一个新的层面。有的时候，我的兴趣会浓厚到连自己穿什么都不太注意了。还有更让我惊讶的事情是，我竟然可以静下心来听他们在说什么呢，还会时不时地鼓励这些男伴说他们感兴趣的话题，这使他们感到非常快乐。渐渐地，我成为了他们当中最受欢迎的女孩子，有3个男孩子还曾经向我求婚。"

德莱塞一直信仰"为他人改善一切"，如果大家都能和她信仰一样的话，那就赶快去做，时间是不等人的。"这条路我只有走一次的机会，所以我能做到的任何好事，以及我所能做的任何仁慈之举，都马上去做吧。别再让我拖延，也别再让我忽视，我或许再也没有经过这条路的可能了。"

人和人沟通中的忧虑心理很多人想要克服，先要对别人感兴趣，别总以自己为中心。学会每天都为他人做一件事情，让他人感到快乐，多替他人想想，人和人之间的沟通就不再困难。

以主人的态度，让上级安心

其实说起来真要是实现向上管理，只要安上级的心就能做到。上级安了心，向上管理才具备一定的可能。少让上级操心才是正经事儿，一开始就让上级操心的话，上级必定怀疑和不满，也就不存在向上管理的余地了，所谓向上管理就是一纸空文了，不过是嘴上的一个词罢了。

如何才能让上级安心呢？首先下属要先让上级放心才行，只不过现实生活中上级常常放不下心。这事一般只可意会不可言传，没有身历其境的人是不能体会个中滋味儿。要让上级放心尚且不易，真要让他安心就更是难上加难了。想要安上级的心，至少有下面三件事情必须牢牢记住。

第一，要做好自己分内的工作。

不同的人在组织内部的职责和分工自然有所不同。上司总是担心那些做不好工作的员工，要安心就更不容易了。只要工作努力了，工作成效不好，也难以让上司放心。唯独那种又能好好工作，又能确保工作成果的员工，上司才能真正安心。

人要认识到努力工作的重要性固然很关键，除此以外，还必须明白该努力的有哪些工作才行，要明白自己该用哪些工作和方法才能达到最佳的效果，工作成效如何，也许会有哪些难以完善的地方等？问清楚这些问题，要比单纯地知道努力工作重要得多。人们总说尽力而为，光是尽力而为让人们听起来总有一种不敢保证效果如何的味道，上司听了之后如何能放心得下呢？

真正在工作上诚心诚意地付出，把自己的想法融入自己所想做到的事情当中去，就能具备"确保成果"的决心和信心了，上司也能因此放心，安心也是指日可待的事情了。

第二，向上级汇报工作和预期目标必须要挑准时机。

用心做事的人，遭遇困难或是外来的干扰也是难免的，在干扰之下，工作任务如何能保证按期完成，能否达到预期的目标？关于这些问题，上级都会感到难以放心，在他们心中，往往是感觉问也不好，不问也不好，矛盾得很。

于是，找准一个时机向上级汇报，减轻他们的顾虑就显得十分重要了。员工在工作中及时向上级报告自己的工作进展到什么程度，是否遭遇到意想不到的困难了，是不是已经解决了，包括其他一些细节性的问题，都可以让上级随时了解工作的近况，不至于因为不了解而产生不放心的情绪。

有时候上级并不会时时去问自己的下属工作的具体情况，不是他们不想知道，更多时候是上级不方便问，照顾到下属的面子他们不好意思问罢了。但是如果下属能够主动及时地向上级汇报，一方面保全了自己的面子，另一方面还能让上级安心。通常上级最担心的是，此前没发现问题的工作任务到了验收阶段才暴露出问题，或是发现品质太差，那就来不及弥补了。这时候下属再去承认错误也于事无补了，上级又如何安心呢？

第三，时时刻刻注意上级的立场和面子，不能让他下不了台。

有能力的下属是很留心上级的面子的。平时，上级的压力就比较大，倘若不留神，下属就可能抢了上级的风头，让上级觉得失了面子，一时间恼羞成怒。

无论怎样，上级都要有自己的立场。有些事情自己分明已经答应了，却因为考虑到其他同又反悔的反应而犹豫不决；还有些事情本来允许破例的，只是公开了以后却断然拒绝，这些现象并不少见。就是这样，下属必须时时为上级的面子考虑，上级才会全力支持自己的工作，保住了上级的面子，上级才敢放心地让下属充分展现自己的实力。

上级放了心，安了心，自然就会对下属抱有一种"你办事，我放心"的心态。让上级安了心的下属有能力叫上级吸收他的建议。当上级遇到问题的时候，就会想到和这样的下属商量，还给下属提供了参与的机会。上面所提到的向上管理就在潜移默化中实现了，也会让下属在"不惊动上司"的情况下，获得向上管理的最佳效果。

要实现下属的对上管理，不得不注意以下三点，这有利于向上管理持续进行，提升工作成效。

第一，要把功劳归功于上级。

在荣誉面前，不和上级抢功劳这是必要的。下属工作要用心，工作颇有成效，进而把功劳归功于上级。上级在欣慰、喜悦之余，就会更加信赖自己的下属，更有信心接纳下属的意见，乐于接受下属的建议和意见。

第二，关于未来的预测要主动和上级一起筹划。

当前的工作任务就已经让不少员工焦头烂额了，却很难对上级提出关于未来的建议。对于上级来说，关心未来要比关心现在的比重更大，所以那些能够未雨绸缪，且能对未来有所建议的下属才是上司最器重的人才。能够影响上司的未来前途，向上管理的力量最大，所产生的效果也最为深远。

第三，在自己的同人和朋友面前隐藏自己的影响力。

这么做的目的在于持续地增强向上管理的成效。在职场当中，同事之间的流言蜚语有时会给上级带来一定的警惕性，也就难以完全信任自己，还会刻意地疏远自己。人言可畏，一些闲言碎语有时会造成自己的一些困扰，所以适当地隐藏一下自己的影响力，自我克制才能保护自己，而不受他人影响。

不会自我克制话还有另外一个危害，那就是自己的同事很可能会绞尽脑汁去利用自己强大的影响力。为的不过就是推三阻四，或是从中沾到一点点光，揩一点点油罢了。所以，有的人总喜欢越来越多的身边人知道自己有多大的影响力，能够向上管理，只为脸上沾一点光，麻烦也同时不期而至。在职场当中切记要小心的是，如若连上级都发现了自己的影响力，很可能会用心地去摆脱下属对自己的影响，负面影响必然不少，还能对自己有利吗？

强调向上管理的真正目的，在于在适当的时候提醒上司辨明事实，并依据实际情况做出正确的判断，拿出更合理的决策，自己也可以在正确的决策之下有效地完成任务。

向上管理要以"公益"为出发点，摆正心态，要有一个"上司好，自己也好"的态度来对待向上管理。尽管如此，但当有人赞扬自己有向上管理的优势，必须要学会隐藏。还有一点要注意的是，必须指出一切决策权还在于上级，自己所做的不过是传达讯息而已。

无责任感，连过客都不如

2010年曾有一本畅销书成为了众多企业家的学习读本。书本身并不稀奇，之所以如此畅销，只在于用很深入浅出的方式说明责任在工作中的重要性。作者在书中强调了激发员工的责任意识，强化员工的责任感："责任胜于能力，责任造就魅力，一个人只有承担才会成长。"

书中说道："千斤重担万人挑，人人头上有指标。"其实这句话说的就是责任要到人头。任何组织在落实执行力的过程中，一定要将一对一的责任关系明朗化，让其中的每一个人都有很强的责任心。在组织的宏伟蓝图中，每个人都会通过责任找到自己的植入土壤。很多组织的用人标准只有一条，三个字——责任心。

很多人很看重自己能力的提升，却忽视了责任心的存在，他们觉得能力高于一切，但真正明白职场定律的人才知道责任胜于能力，何况责任还可以造就魅力。有责任心的员工，只要做事就会用心，纵然能力不足，责任心可以弥补。可是没有了责任心，再强的能力也很难把事情做好。在组织内部，先要说说管理者的责任心，管理者不能逃避责任，不能指责和抱怨，主动承担责任是他们的职责所在，负责很重要的一点就是要从自身的管理中去总结失败和成功的经验教训。管理者的责任感反省是必要的，这样才能产生责任心。

执行人优秀就优秀在性格、胸怀和知识，彼此或许有一定的区别，不管怎样他们都具备很强的责任感和责任心。

俗话说，一个和尚有水喝，两个和尚抬水喝。责任心也是如此，常常是一个有责任感的人很能够承担责任，换成两个人一起完成任务的时候，就会有责任之间相互推脱，任务的完成反倒没有一个人做得那么完美。这就是为什么要有一对一的责任人，责任到人头的道理所在了。做好了就给责任人奖励，错了就应该惩罚，一句话，责任到人。

别说成功和责任没有关系，能够负担多大责任的人，就能获得多大的成功。很多人都羡慕能当上总统的人，那是不是每个人都适合当总统呢？总统是一个国家的最高领导人，外出时有豪华车队相随，自然威风；发表演讲时名流云集，场面要比任何人都宏大壮观；到任何一个国家出访，无论是哪个国家的首脑都会准备好最高规格的礼遇，外人看起来是无限风光……有谁见了不艳羡呢？可是，总统除了外表上的风光以外，身上也担负了这个国家的最大责任，包括国家和民族的安危，经济的发展还有民生疾苦等，这些却很少为人所羡慕，可是他的风光正是由此成就的。

兴许，有人觉得再羡慕总统也是没有用的，毕竟和自己的生活离得太远了，要当上总统太不现实。那就问问自己是不是羡慕过那些离自己近一点的人呢，比如自己的上级或是老板？

上级和老板在下属的眼里也都是事业发展颇有成就的形象，对职场中的普通员工来说，最具吸引力的或许还不在于此，更重要的是上级通常都是这个组织里的管理者。组织要持续、健康地发展，管理者的战略决策是不可或缺的，若缺少了优良的战略计划，组织的发展就会遭遇阻碍。管理者必须参与到组织的具体管理的每一步，对每一项运营计划都及时追踪，且严格把关每个执行的细节，同时聘用专业的人才也是管理者要参与的。说了这么多，大家就应该不只认为领导者的风光吧，做领导者实在不如自己所看到的那么简单。管理者外表风光，但也背负着一份沉重的责任。如果发现自己并没有领导者那么风光和成功，只因为自己所担负的责任要比管理者少太多。

担负的责任越大，付出就要比别人越多，这是一定的，现在为什么有那么多人不愿意承担责任的原因也在于此。他们不愿，或者说不敢把自己全心全意投入工作当中，更有时下班后还要考虑工作，并因此而放弃自己的休闲生活，太多人已经做不到了。毫无疑问，不愿付出的人就不可能成功。想要获得成功，就先把自己该承担的责任担负起来，全心全意投入自己的工作，最终走向成功。

在大银行当中担任部门主管的比尔有一天被自己公司的人力资源部经理叫到了办公室。原因是自己部门的一位主管辞职了，很多原本由这位主管负责的工作无人处理，而这些任务都在短时间内需要完成。于是，人力资源部的经理在和其他两位部门主管商量了以后，最开始决定让他们两个暂时去接管那个部门的工作，这两位部门主管都以工作太忙婉言拒绝了。这时人力资源部经理想到了比尔，问问比尔是否答应暂时接管。比尔得知以后最初也很是为难，他日常的工作已经非常忙了，他不确定自己是否同时胜任两份工作。不过，他后来想想既然人力资源部经理如此信任自己，一定有他的道理，那么自己要做的就是尽力而为。最后，他答应接管那个部门的工作，而且保证尽力去完成。

自从接管了这个部门的工作之后，每天比尔几乎都很难闲下来。有一天下班后，他终于冷静下来了，思考该如何提高自己的工作效率以更好地保证两份工作都能在同一时间内完成。很快比尔就制订出了方案，第二天就落实到实际行动中去。他先是和秘书约好，把两个部门下级汇报的时间统一安排在一个时间段，电话和拜访也都统一协调到一起，但凡不是太紧急或重要的电话，也都安排在固定时间回复。平常的会议只要不是很重要的，都由原来的30分钟缩短到10分钟，而对秘书的口授也集中在一个时间段里。自从执行了这个时间安排，他的工作效率有了显著的提高，同时完美地处理两个不同部门的工作对比尔来说就不是个难题了。

两个月之后，这个部门最终被公司合二为一，这个部门仍由比尔负责，他的工资也大幅提高了。

很多人都会有一个习惯，就是问自己："到底我能承担什么样的责任？"同时，自己还不愿意因循守旧地日复一日重复性工作。当自己有这种想法的时候，就告诉自己再多考虑一些，做完自己手中的工作以后，还要多想想自己还能为这个组织做点什么。不要要求太高，每天只做一点点，工作就会有很惊人的起色，整个计划都会有所促进。

别再逃避责任了，以自己能承担某种组织的责任而感到自豪吧。只有具备了责任感，感觉到自己有更大的能力能够承担比别人更大的责任，才会是组织中不可或缺的员工。

勇于对结果负责，不做过客

责任心最基本的表现就是对自己做的事情所产生的结果，无论好坏都承担相应的责任，这也是成为组织中卓越人才的基本前提。

工作的本质，就是用自己的劳动结果来换取应得的工资，简单说，结果是证明自己价值最好的东西。结果如何，常常是用来评断自己是不是这个组织内部合格的员工的标准，它是自己是否真正为组织负责，为自己负责的最好体现。

别小看这些结果，伟大的人生，都是一点一点依靠这些结果来累积的，忽视每天的结果，就难以创造伟大的人生。所以，人生都是在自己的手中，如何掌握自己的命运，就只有一个道理：勇于对结果负责！

曾经有一位职业演说家格林，他一度都坚信自己成功的最重要原因是顾客随时想见到他，都能及时见到他本人和他的材料。事实上，格林把这件事看得比任何事情都重要，就算是格林所在的咨询公司还特地设置了一个专职员工，他的职责就是让格林的客户及时见到格林本人和他的材料。

有一次，格林飞去多伦多演讲。当飞机在芝加哥停下来后，格林做的第一件事就是往自己公司办公室打电话，目的就在于要跟员工确定所有事情都已经安排妥当。在格林拿起手机的那一瞬间，仿佛曾经发生过的一切都浮现出来了。8年前，格林也是去多伦多参加一个自己主持的会议，当时也是在芝加哥飞机停下，格林还是习惯性地给办公室里负责安排材料的安妮打电话,想知道演讲的材料是否已经送达多伦多,安妮回答说:"格林先生您放心,6天前我已经把东西给送出去了。""他们收到了吗?"格林问。"当时我已经让联邦快递送的,他们承诺两天后一定送到。"安妮很淡定地回答。格林听到安妮的回答以后,对安妮的工作就放心了,也因此认为安妮是个很负责的员工。

安妮手上有对方的全部信息,包括地址、日期、联系人、材料的数量和类型等,信息可谓是十分周全。另外,她还给材料选择了一个信得过的快递公司,亲自精心把材料包装起来,也为所有可能发生的意外情况留足了时间。

只不过,事后证明,安妮并没有负责到底,材料在最后环节还是出了问题。这件事情已经过去了8年,但只要一想到这里,格林的心里还是很不放心,只怕同样的问题又会发生一次。为了避免自己的员工重蹈覆辙,他还是给自己的助手凯特打了电话,说:"我所需要的材料已经送到多伦多了吗?"

凯特回答说:"格林先生,已经到了,3天前艾丽西亚就收到了。当时我给她打电话的时候,她跟我说实际要来的听众要远比计划的多400人。不过别着急,她把多出来的也准备好了。不过,她对具体到场的人数还没有太具体的统计,到时候会议组织者还允许到场的观众临时签到入场,这样的话实际到场人数比预计的人数多得多,所以我原本多准备了400份,恐怕还不够,为了保险起见我就多寄了600份。此外,她还问我您在演讲前是不是需要让每个到场的观众手上都有一份材料,我告诉她一般您通常是这么做的,只不过这次的演讲是一个新的演讲,因此我也没法确定。她听了以后,就决定在演讲前先向听众分发资料,如果您不愿意这么做可以提前告知她,我这里留了她的联系方式,如果你还有别的要求,今晚就可以直接和她联系。"

格林听完凯特的一番话后彻底安心了。

能让格林安心的凯特身上的特质就是对结果负责,她明白结果很重要,她必须在结果出来之前始终绷紧一根弦,这是她的职责。

职场中,优秀员工身上都有一种可贵的专业精神——勇于对结果负责,这么做的结果也是在对自己的未来负责。想想,像格林这样的老板都放心凯特这样负责到底的员工,其他人又怎么会不放心呢?凯特对结果负责的精神,让格林对她所处理的事情无比地安心,他不用担心因为员工的小疏忽而对企业产生严重的威胁,老板在如此负责的员工的协助下也能圆满地完成自己的任务。

从这件事情当中可以得出一个结论:任何组织的成功和个人的前途、机会还有个性、知识没有太大的必然关系,真正有关系的是员工是否具备很强的责任感。

在工作中能够负责到底的人,总能让自己的生命价值得到体现,也只有这些人才会有真正意义上的人生价值的实现。因此,从现在起,告诉自己,勇于为结果负责吧。

让问题只停在现在吧

杜鲁门上任之后,就在自己的办公桌上放了这样一个小小的牌子,上面写着:Book of stop here,翻译成中文的意思是:问题到此为止。杜鲁门在自己的办公桌放上这块牌子的理由,就是提醒自己要在当下负起责任来,不能总希望把问题推到明天或者未来的某一天,也不要浪费时间在无谓地讨论和争吵上。

一定有人想不到,已经身为国家总统,杜鲁门还用如此直接的方式来警示自己要有责任感,并作为一个座右铭来时时提醒自己,可见责任感对于任何人来说都有很重要的作用,不论这个人是普通百姓,还是高高在上的总统。不会有哪个公司或是组织在发展过程中一帆风顺,总会在不同阶段遭遇不同的问题,有些员工在遇到难题的时候,就会即刻放下手中的工作,立刻逃避,总想着把责任推给别人。这么做的结果就是不但自己完不成任务,还极大地降低了整个组织的执行力,最终整个计划就会被延迟,乃至受到很大的破坏。

库里是某公司销售分公司的经理,在他所负责的区域接壤的地方,自己公司的产品发生了一起严重的质量事故。照公司的规定,库里不必去管这个事故。问题是真正负责这个区域的分公司经理恰好陪公司老总出国考察去了,这时候库里很清楚,他在这个时候必须出马,这可是公司的惯例。于是第一时间库里赶到了现场处理事故。在现场,就单从当地的风土人情和库里自身的经验库里判断,这个事故非常严重,这个问题也相当棘手,不小心就会让自己身败名裂。想到这儿,库里心中很是担心,在总公司给他下指示之前,他先以自己身体不适为理由跟公司请了个长假。当总公司下达指令的时候,库里听完助理的汇报之后,就称病推脱不去处理,转而让自己的助理去处理这件事情。只可惜没有经验的助理,没处理好反倒让事件升级,问题陷入了僵局。

这时候,总公司只能再派其他人去处理,才最后平息了这次严重的质量事故所引起的风波,公司却因此付出了很大的代价。风波平息以后总公司开始追究责任,经过调查发现库里要是当时可以第一时间赶到现场处理的话,公司所蒙受的损失也许就可以挽回。库里没有赶到却称病在家,谎称自己不知道这起事件的具体情况,所以才把事情的处理权都全权交给了自己的助理,助理也就自作主张带领一帮人去处理的。尽管库里把责任都推到了助理身上,总公司还是看出了库里在工作态度和人品方面有很大问题,在公司遭遇困难的时候,他害怕承担责任,还以各种借口逃开,结果就是影响了公司的团结和业务的顺利开展。过后不久,总公司就炒了他的鱿鱼。

员工若是都和库里一样,困难一来就逃避,而不主动承担,无论如何都很难获得公司或是上级的信任。反之,能够主动负责,在困难面前不逃避,不慌乱,并想尽一切办法解决问题的员工,上级和公司都十分青睐。

再说一个小小的例子。

上海R氏集团的优秀主管钟剑兰女士曾经回忆过一段自己亲身经历的故事:很久以前自己要和一个外国大企业谈合作。春节期间,他们一同到海南去谈公司的合作事宜。

不巧春节是海南的旅游高峰期,房源十分紧张。他们一行十几个人,出于商谈的考虑，十几个人必须居住在同一家宾馆里。问题是此时的五星级酒店房间已经订光了，只剩下四星级的。公司在无可奈何的情况下，只能从中选择了一家。

可是在客户当中，有一对夫妇去哪儿都只住五星级宾馆，在得知对方的公司订的宾馆是四星级的之后，始终十分抵触，不愿意入住。钟剑兰和自己的同事得知了这个消息后，对这对夫妇晓之以理，动之以情，目的在于能够说服对方，结果却没有改变这对夫妇的观点。这个时候她本能地就认为要自己公司的领导汇报，只可惜时间太晚了，钟剑兰猜测公司的上级已经下班了。怕打扰到领导，钟剑兰放弃了原来的想法。既然这样，她明白只有靠自己的力量来解决这个问题，她平静了一下，决定先一边安排这对夫妇在咖啡厅坐下，再叫服务员为他们端上两杯热乎乎的咖啡，另一边再给自己腾出时间好好想想办法，她几乎寻遍了所有她认识的人，甚至打电话到了北京找老同学帮忙。

功夫不负有心人，钟剑兰找到了一家还剩下一个房间的五星级酒店，只不过酒店提出，这个房间因为是临时调配出来的，所以需要附加一部分费用。

可惜，原来因为是旅游旺季的缘故，五星级的房价就比淡季时高了不少，再调高价格，实在已经超出了钟剑兰的心理价位。在这个时候，钟剑兰连眼皮都没眨，按五星级酒店提出的价格订下了房间让那对夫妇入住。而那部分多出来的费用则是她自己掏的腰包。

夫妇自从住进了五星级酒店后，心情就变得很好。至于两个公司之间的谈判进展得也很顺利，合作也按照原来的计划展开了。

钟剑兰回去之后，公司上级知道了这件事情后很是满意钟剑兰的当机立断，也对此表示感动。钟剑兰也在这件事情之后获得了更多的发展机会。

这个例子也充分说明，一个能够主动为公司着想，当下问题当下解决的员工也是公司十分青睐的员工类型。要知道，找各种借口去推诿责任的人是很难获得被重用的机会，上司也不会青睐这些永远也挑不起大梁的员工。

喜欢把问题都推给他人的人，又怎么可能有机会去提升自己的工作能力呢？一个人能力的提升，很显然是要通过工作实践来获得，说白了就是在解决一个又一个问题的过程中积累起丰富的经验去实现个人能力的提高，一个不敢或是不愿承担责任的人，工作能力总是得不到提高，又怎能担当起重任呢？

有担当关键在于挺身而出

习惯在工作中牢记自己的使命，总尽力完成自己任务的合格员工就是有担当的员工，他们敢于去面对责任，勇于去担当责任。

管理者在组织当中更是要一马当先地去承担责任。组织内部的"一把手"必须勇于承担责任，因为它不仅仅体现了个人道德的高低，也是管理者工作能力的一种标准。管理者能够有担当，能够更谨慎地使用自己手中的权力，进而赢得下属的尊重。

古话说："人非圣贤，孰能无过"。人不可能十全十美，古之圣贤都会犯错，何况普通人。中国历史上最有智慧的诸葛亮也曾因马谡失街亭而有了著名的挥泪斩马谡的故事。此役失败以后诸葛亮的北伐因此而挫败，战败后诸葛亮并没有推卸自己的责任，挥泪斩马谡之后，亲自上书后主刘禅，主动承认失误，还要求自贬三等。蜀军众将士之所以能服诸葛亮这一介书生的原因就在于诸葛亮是个勇于承担责任的将领。

做下属的最怕的就是自己在工作中有了失误，特别是花了很大的气力却没有成功的时候。此时管理者若是能说一句"这件事情的一切责任在我"，下属必定会心存感激，也少了不少心理负担，也能更好地改正错误。

对于管理者来说，表面上看是自己承担了一切失误的后果，让自己成为被谴责的对象。事实上管理者把下属的责任揽到自己身上，是为了把事情变得更简单，让问题的解决更从容一些，给下属树立起榜样，让下属体会到上司的高度责任心。

但凡上级越勇于承担责任，就越能给下属以信任感。有了这种相互的信任感以后，就会有两种意想不到的结果产生：一是下属认为自己的上级是个体恤下属的人，很支持上级的工作，并乐于为他们工作，还以自己的上级为自己的工作榜样；二是上级重视下属，认为下属能够承担责任，他们在工作中是投入的，执着的。

因此，在组织当中，承担责任应该作为所有人工作中的座右铭，要践行到每个人的工作中去。不同岗位的员工要认清自己的责任，剩下的那些并不明朗责任人的责任，上级要先挺身而出，明确说一声：这是我的责任，由我来承担。

日本松下公司的总裁松下幸之助先生的一次亲身经历也曾说明这件事情。

某一年的新年将至，松下公司仍旧和从前一样例行早上打扫环境卫生。11点左右，松下先生亲自到现场视察，发现打扫的效果还不错，只有员工厕所还没有清理。之所以如此，是因为大家都认为已经把自己责任范围内的部分清理干净了，可是每天每人都在使用的厕所却很难分清楚权责，究竟要谁来清理？问题在于每个人都很忙，下指令让其中的任何一个人打扫，就会浪费不少工作时间，这样一来，这个人晚上就要加班，有谁会愿意这么做呢？想到这儿，松下先生亲自挺身而出去清理厕所。看到松下先生的举动，公司里的所有员工都意识到了总裁的特殊行动的意义所在。于是众人纷纷跑了过来，抢过扫把，在众人的劳动下，厕所很快就打扫得干干净净。

经过了这件事情之后，松下公司的员工决定集体清理公司的厕所。为此他们还制定了一份责任细则，每天派一名员工清理厕所。

组织内部的无形力量说的就是这个。组织内人与人之间的关系，不仅仅是上下级之间的关系，具体的职位分别不是推卸责任的借口，不论是谁都要明确很多职责要"从我做起"。上级的职位越高，身上所承担的责任也就越大，因此从上级开始提倡从我做起显然是非常必要的。

站在管理者的立场上

人际交往当中，切记总不要把对自己和对方都不太在意的错误时时记住，也不要总去指责他人，这么做的人都是傻子。但凡明智的、大度的、超凡脱俗的人都会试着从他人的角度去思考问题。为对方思考在行动上也就会自然为他人所想。

去站在他人的角度和立场真诚地思考问题吧。

常常对自己说，设身处地地站在他人的立场和角度上，自己会有什么样的感受，会有什么反应呢？这些问题要是有了答案，就可以帮自己省去不少时间与不必要的烦恼，只要明白了这个道理，有了对原因的了解，就能理解对方，从而为其着想。除此以外，用这种方式也可以在不同程度上帮助自己提升为人处世的技巧。

著有《如何使人变得高贵》一书的肯尼斯·古德在书中说过："暂停一分钟。"他说道："暂停一分钟，将你对自己事情的浓厚兴趣和你对别的事的漠不关心做一做比较。然后你就会明白，世界上任何其他人也都是同样的态度。以后，你就能像林肯、罗斯福一样，把握住除看守监狱以外的任何工作的基础和机会。换句话说，为人处世之成功与否，全在于你能否以同情之心，接受别人的观点。"

住在纽约州汉普斯特市的萨姆·道格拉斯在生活中，总喜欢以妻子做家事浪费时间来数落她，像修整草地、拔杂草、施肥和剪花草等事情都会成为他数落妻子的理由。道格拉斯曾经说自己的妻子尽管每个星期整理草地两遍，家里的草地还不如4年前好看。说这样的话，妻子听了以后自然是不高兴的，每每道格拉斯批评的时候，家里的气氛都会笼罩在一片乌云中，妻子的心情也因此十分阴郁。

直到后来参加了某个心理培训班以后，道格拉斯先生才发现自己这么多年真是大错特错了。他在数落自己的妻子的时候，居然忘记了妻子在整理草坪时曾经获得过的快乐，他应该好好夸奖一下他的妻子才对。

某一天晚上，妻子吃完晚饭后对他说要去锄草，这次她提出要道格拉斯陪她一起去。道格拉斯起先没有答应，但想了想，还是决定同妻子一起出去锄草。妻子得知道格拉斯要陪她一块出去之后，就太兴奋了，两个人一起干了一个多小时，这个夜晚和从前差别太大，他们俩都过得十分愉快。

打那次以后，只要妻子去修整草坪，道格拉斯就会陪着她，还时不时在修整的时候夸奖妻子做得很棒，在道格拉斯夸奖下的妻子总是心花怒放，从此以后家里的草坪永远都修整得十分漂亮。两人的家庭生活也因此感受到了快乐，这一切都是拜道格拉斯能站在妻子的角度考虑问题所赐。

吉拉德·利奥德在他的作品《深入他人之心》中评论说："当你认为别人的观念、感觉与你自己的观念和感觉同等重要，并向对方表示这一点时，你和别人的交谈才会轻松愉快。在谈话开始的时候，要尽量使对方提出这次谈话的目的或方向。如果你是个听者，你就要克制自己不要随意说话。如果对方是听者，你接受他的观点，将会使他大受鼓舞，能够与你开怀畅谈，并接受你的观念。"

卡耐基很多年来养成了一个习惯，就是闲暇时间离自己所居住的地方附近的一个公园里散步和骑马，这是他最喜欢的一种消遣方式。那时的卡耐基喜欢橡树，就同古代的高卢传教士一样，只要看到小树苗和灌木被火灾毁灭时，就会感到十分痛心。其实，火灾并非那些粗心的吸烟者乱丢烟头造成的，一般都是由那些组织来公园野炊的孩子因为在树下做饭烧烤而引发的。这火常常烧得很可怕，不得不出动消防队来灭火。

为了避免再出现火灾的隐患，公园的管理者在公园的一个角落里挂上了一块布告牌，上面写着："凡导致火灾的肇事者，将处以罚款及拘禁。"只可惜这块牌子放在了人烟罕至的角落里，很少有人看到这上面的提醒。于是，这块布告牌的作用并不明显。其实公园还有一位骑马的警察时常在公园中巡逻，不过他对工作总是不够尽职尽责。正因为如此，火灾时常发生，而且一旦发生就容易向四周蔓延。有一次，当卡耐基照例在公园里散步的时候，发现公园有一处失火了，他急忙向那个巡逻的警察求救。卡耐基告诉那个警察公园里的火势正在迅速蔓延，必须立刻通知消防队。警察听完以后十分冷漠地回答说，这事儿跟他没关系，那块区域并非他的管辖区域。卡耐基看到警察的反应之后，很快就急了，只得自己去报警让消防队过来灭火。从此以后，卡耐基只要自己去公园骑马，就会自行组织一个"单人委员会"，主要职责是保护公园的公共财产。

一开始,他很不喜欢那些在树下烧烤野炊的孩子。因为他们这么做很容易引起公园里的火灾。所以只要有孩子在树下起火的话,他就会很不高兴。他急于做好事,却事与愿违。一开始他先是骑马过去,警告那些孩子,告诉他们若是引起火灾就会被拘禁。当时他的口吻很是严肃,几乎是用命令的方式让他们把火灭掉。他们要是拒绝,他就威胁要把他们抓起来。当时,他全不理会孩子们的想法,只是一味地发泄他自己的怒气。

卡耐基先生的愿望是好的,但结果如何呢?孩子们表面上看起来听从了,但是口服心不服。在卡耐基骑马走了以后,他们又重新生火,原本是无意造成的火灾,后来却一心想把整个公园烧光。直到很多年以后,卡耐基先生对人际关系有了更深的了解以后,才明白自己从前极少从对方的角度考虑问题,自己真的错了。再在公园里碰见烧烤的孩子,他不再用命令的口吻,而是静静地走到他们面前,和蔼地说:"孩子们,玩得高兴吗?你们在做什么晚餐呢?我小时候也和你们一样喜欢生火自己做饭,直到现在还很喜欢。可是你们知道吗,在公园里生火是非常危险的。我知道你们做事情总非常小心,不过有些孩子就没你们那么小心。要是他们看到你们在这里烧烤生火,他们来了兴趣也点起火来,回家的时候还忘了扑灭的话,那公园就会因此烧起火来,公园里的树木就会烧毁了。要是我们不小心的话,公园里的树总有一天都会烧光了。那么你们就会因此被拘禁多可怕啊!这话我不用多说了,希望不要打扰你们的兴致。我喜欢看到你们如此快乐地生活,不过想让你们把这边上的枯树叶拨得离火远些,好不好?在你们离开以前,别忘了多用些泥土把火盖灭,好不好?那样的话大家都会没有危险了,不是吗?谢了,我的孩子们。祝你们快乐!"

卡耐基先生换了一种说法之后,取得了他所想象不到的效果,孩子们很迅速地就听从了他的建议,不像从前那样怨恨和反感。卡耐基先生没有强制孩子们服从什么,让孩子们保住了面子,同时还能接受他的建议。卡耐基先生变了一种方式和孩子沟通，先从孩子们的角度出发，再来处理这件事情，效果要有效许多。

个人的问题很急迫的时候，大多数人先考虑自己，其实换一种方式，换一个角度从他人的角度来看问题，或许一定程度上能更好地解决问题，化解紧张的气氛。

澳洲南威尔士的伊丽莎白·诺瓦克已经6个星期没有支付分期购车的钱款，她在经济上遇到了一些困扰。

"在某个星期五，"伊丽莎白说，"有一位负责分期付款购车的男人给我打来电话，说话态度很不礼貌。他很不客气地说要是下周一早上我还付不出122美元的款项的话，他们公司就会采取下一步措施。只有一个周末的时间，我很难办到，所以我是注定还不上那个款项的。周一一早，那个男人就气冲冲地给我打来电话。不过我并没有因此对他发火，我站在他的立场上来看这件事，他发火是正常的。我必须先向他道歉，因为自己给对方带来了如此大的麻烦，我不是第一次逾期未付款，所以他的为难我心里很明白。那个男人听了我的道歉以后，语气也马上缓和了不少，还告诉我他那里还有比我更叫他头疼的客户。他举了好几个例子，据说有些人非常不讲理，不但不见他，还信口胡诌。"

"我没有多说什么更多的废话，却把他心中的不快给勾出来了。随后他又告诉我，我即便是当天还不上款，也没关系，主要我能够在月底之前先缴付20美元，再到手头方便的时候付清所有的余款，就问题不大了。"

所以，当自己在向他人提出要求的时候，务必先让自己停一下，好好想想这件事情，尤其是要从对方的角度去思考一下，问问自己为什么要这么做。这样做固然是要多浪费许多时间，但不管如何，至少可以让自己赢得更多的朋友，能够增进朋友间的感情，减少彼此的摩擦，少一点麻烦。

哈佛大学商学院院长唐哈姆说过："在和他人谈话之前，我总喜欢在那人办公室外的过道上多走两小时，我不习惯很唐突地走进他的办公室，只要是我还对自己所要表达的以及他可能给出的答复没有太过于清晰的把握的情况下，而这一切都是从我对他的兴趣和动机认识上推断而来的。"

其实，大家要做的只有一件事，就是试着从对方的角度多思考问题，这要同思考自己的问题一般去思考，这足以为自己的生活道路打开新的一页。要是要让他人同意自己的观点，就必须先真诚地从对方的观点来看待事情。

敢于成为企业的事业共同体

中国国内很多优秀企业总裁在创业初期所走过的路程，都是很值得参考的优秀经验。这些企业家敢于做事，都是从一开始就很善于给自己打工的人。在他们眼里哪怕是一点点的小事，都有颇大的影响，在困难面前必须坚持和追求这种影响。

姚良松手下的工人就曾因为正负极装反让自己的工厂停工停产；

千叶松的总裁何爱辉，从前总是骑着摩托车在风雨中送货；

瑞贝卡公司在上市之前，一无设备、二无技术，他们硬是在国外企业实施严密封锁的极端困难条件下，用自己顽强的意志、惊人的毅力，闯出了一条属于自己的路；

远东公司也是在不断追求自我，超越自我的过程中，让企业在不同的环境中完善自我，他们曾经历了四次改制。

有太多这样的例子，这说明只要有敢闯敢拼的精神，凡事都有可能。

别轻视小事，小事有时也事关大局。当小事在自己面前，也要点燃自己心中的热情，以最充沛的精神状态去解决这样的事情。殊不知，生命当中的一切大事很多时候都是由各种各样不同的小事累积而成，不积小流何以至千里。知道了这一点，就不会随随便便去对待那些看似很无关紧要的小事，才会无论什么任务都保持一丝不苟的心态。尽力完成自己的任务，就是要从一件件小事开始，凡事才能达到最完美的效果，也能提升自己的工作能力。

另外还有一点，企业中的人敢闯敢拼，更是大胆尝试的一种体现，他们总是敢于尝试自己从未做过的事情，不甘于平庸，突破现有的局限才是战胜胆怯观望态度最好的方式。很多人之所以不敢往前，是因为没有看到所有工作都有"百尺竿头，更进一步"的可能，没有最好，只有比现在更好。甘于平庸只会让自己付出惨痛代价，很多时候甘于平庸另一个层面的意思就是不思进取。

成功并不在于什么事情都非得做到最好，成功的判断标准在于，一个人不管做什么工作，都不会是敷衍了事，工作中的标准永远都很高。那些能够做到最好的事情，就别轻易随意对待，要百分之百地完成它，不落下一分一毫。要是能够比别人多一分认真，多一分专注，发挥自己所有的智能，兴许就可以把工作百分百地完成，也就更能引起他人对你的关注，进而实现自己心中的愿望。

就个人而言，也要注意这两个问题的修行，一方面不能总是惧怕困难的存在，要在困难面前永往直前，另一方面面对小事必须有足够的重视，长远地说，小事都会造成很大的影响。学会不退缩，从小事做起，也就不至于只是止于现在。

此外，个人和组织之间的联系是密切的。从事业的角度来说，二者是同呼吸共命运的。

个人工作的最终目的是为了生存,而对组织来说,他们拥有那么多员工目的也是生存。从这个意义上说,组织内部的个人和组织的利益是一体的。所谓一损俱损,一荣俱荣,组织的利益得到保障,个人的利益才会实现;个人利益保障得当后,组织才会有更多的动力前进。不得否认的一点是,组织和个人是一个紧密关联的利益共同体。

认同了自己和组织是一个利益共同体的话,就不至于在工作面前总是敷衍和应付,因为这些在自己的眼里都不再只是谋生的工具。自己的价值都是要从深层次认可,而这种认可的基础就在于把自己手中的工作当作是事业来经营;与此同时,组织对个人的要求也会不断提高。所以,事业组织的共同体要从企业经营的经验中汲取,要积极地转变成利益共同体。

一般组织在发展的过程中都不可能是一帆风顺的,总会有不同的机会和挑战在前方。可是不同的组织在面临机会和挑战的时候,结果却不尽相同。有的在竞争中组织总在不断壮大,而有些却因为竞争而衰败倒闭。组织的兴衰成败和人的因素有着很大的关系。组织里多一点有使命感的员工,组织才会健康发展,因为这样的员工有利于组织的发展。

一个组织里要是总有一些缺乏使命感的,整个组织内部的氛围就容易不思进取,放任自流,只想回报,不想付出。组织一旦遭遇危机,他们认为最重要的不是如何拯救自己所在组织,而是想着如何逃离这个组织和团队。组织会因为有这样的员工而走很多弯路,而员工自己也会让自己的职业生涯遭遇很多的障碍,而因此找不到合适自己发展的空间。

常常把组织的发展生存与自己的职业发展联系在一起的人,相信也就离不开自己所就职的组织和团队了。同样地,这个组织和团队也离不开自己,自己和组织已经融为一体了。

81

站在自我和组织双方面的最高利益上，把个人和组织融为一体，才算是真正为组织做事。因为敢干才会是实干家，敢干为实干提供了充分的保证，树立了实干的信心，也造就了实干的恒心，所以请相信自己，自己就将全力以赴，勇敢地承担起自己应该承担的全部责任，而因此变得更敢干！

上篇 做管理要破除的六种心态

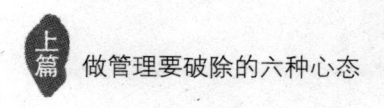

第四章 "不具优势干不出头"
——破除陪练心态

妄自菲薄的心态在管理中很常见，员工常常因为看不到未来，看不到自己的优势而意志消沉，这时就需要管理者用恰当的方式来引导，激励员工发现自身的优势，认可自己所做的工作，同时用正确的心态面对批评和挫折。管理中管理者要有一种与员工同在的姿态，才能让员工感觉到激励的真实性。

认可自己的工作，不做陪练

很多人工作了很长时间，却没有一刻正确认可过自己的工作，有的人有失偏颇，有的人常常被工作蒙蔽了自己，究竟工作对自己来说意味着什么呢？

是薪水吗？自己做得越多，做得越好，所获得的薪水就越高吗？

是自我成就吗？自己越尽心尽力去工作，就能获得越充足的工作成就感，就有越来越多的人会认同工作中的自己吗？

是自己所承担的责任吗？是不是在工作中承担的责任越来越多，自己的人生价值就会越高呢？

很显然，不工作没有薪水可言，也就没有展示自己的机会，成就感也就无从谈起，自己在工作中就得不到大家的认可，也就无法承担起自身的责任。既然如此，谈什么人生价值呢，生活也会因此变得很乏味的。

工作对于每个人来说都是个大舞台，谁都可以在上面展现自己的人生魅力。在工作中越是认同自己，就会越努力工作，工作所得到的结果也就越实在，在舞台上的个人表演就越精彩。在工作中认同自己吧，不要让急功近利的想法阻碍了自己在工作这个舞台上的表演，那不是最佳的方案。

有一个袖珍小药厂，厂房并不先进，院墙不高，只有几栋平房，甚至看起来还有些斑驳。就是这么个小小的药厂，处处都堆着垃圾，却欠下了400万元的外债，工人们已经七八个月没有拿过一分钱工资了。

这个已经被外界认同为"脑死亡"的小厂，调来了一任新的厂长。新厂长一到厂里，就召集了全体员工开大会。员工显然积极性不够，到了下午人才陆陆续续到齐。新厂长在等到所有人到齐了以后，就给全体员工传达了上级领导的关心。"医药局的领导很是关心大家，也很关心这个厂子的未来，希望大家可以合力帮助这个厂子扭亏为盈。先给大家发点工资，首先保证大家有饭吃吧。"听完新厂长的话，所有员工都是静静地望着他，并没什么反应。紧接着他又继续说，"要是完不成上级交代的任务，我的下半生就交付给这个厂子了，大家过什么样穷苦的生活，我同大家一起受苦、受穷。"

不论新厂长怎么说，下面的员工都始终没有掌声，也没人喝彩。厂长看到如此麻木不仁的员工反应，才真正意识到这个厂子是彻底瘫痪了。

那又如何，新厂长并没有因此而灰心气馁。他的心里只有一个念头，就是干下去，而且他还觉得自己要率先干下去，还要多干才行，要做出结果才可以。

那时在营销中最有名的营销手段就是打广告。曾经那些要求用广告营销的方式来推广工厂的呼声越来越高，1天过去了，两天过去了，10天过去了，30天过去了，时间越长，新厂长越是不同意用这种方式。他的答复是没有广告，只能继续坚持。

3个月过去了，新厂长始终没有采用广告的方式。时间显然是对每个人的考验，厂里面的有些人明显已经熬不住了，他们开始打退堂鼓了。

谁会想到这么一个小厂，如今会成长为鼎鼎有名的修正药业，又有谁知道当时的那个新厂长如今就是修正药业的董事长修涞贵。修涞贵在接受小药厂的第一天就知道，要让这个药厂起死回生必须和这些满脑子只想赚大钱、急功近利的年轻人"分手"。给企业打广告是可能给企业带来一定的希望，但在他看来做业务还是要踏踏实实的，靠广告轰炸出来的市场慢慢是泡沫，一捅就破。所以他无论如何不同意用广告来轰炸，相反，他相信没有广告支持打下来的市场才越坚实，才能在经历市场上的大风大浪而依旧坚挺，这样的团队才会给自己的企业带来更大的市场和更强的竞争力。

修涞贵用了半年的时间基本整合了小药厂的员工队伍和团队。这个时候小药厂的各地市场也开始一笔一笔回款。修涞贵看到要用广告来推动销售的时机已经成熟了。修涞贵打出的第一个家喻户晓的广告就是斯达舒的广告，从此药厂的销量开始呈现几何倍数的增长。如今的小药厂再没有从前那破败的模样，早已翻身成了大家都十分熟悉的修正药业，以每年1876%的速度高速成长着。就在这样的发展历程中，修涞贵当年整合后的人才团队在巨大市场历练下更加游刃有余，反倒是从前早早离开的那些员工，却几乎没有成就可言。曾经修正的一个营销主管见到自己的老板总不愿意放太多的精力在广告上，于是一心只想自己下海去亲自卖药。修涞贵知道了以后，就想起了《三国演义》里的一段故事：刘备当年一心想离开曹营，最后只得以抵抗来犯之敌的名义领着一支人马匆匆离去。修涞贵明白，想留之人留得住，不留之人留不住。果不其然，这位销售主管最后还是带着一批药品离开了修正，从此再没消息。

现在的社会太现实，把自己的工作当作是谋生的工具的人居多，正因为如此定位自己的工作，也就不可能太重视它、热爱它。换个角度，要是可以把工作视为提升自我价值的途径，相信就会有不少人开始重新审视自己的工作，相应地，工作回报自己的价值也会超出工作本身。

工作的目的是生存，但生存不是唯一的目的，最终的目的在于实现人生价值。一个在工作上碌碌无为的人是很难把自己的爱好和热情与自己所从事的工作结合起来的。因此，不论他做什么，关于工作的快乐他都很难体会，也很难真正热爱他所做的工作。

工作会给人们带来经验、知识和信心。为工作投入的热情越多，决心越大，工作的效率越高。若想着为工作投入这种热情与执着，工作看起来就不再是枯燥无味的了，他会和自己最热爱的事物画等号，就好比是有人花钱雇自己来做自己最喜欢做的事情一般，那该多让人欢喜啊！

发现事物积极的一面

芝加哥大学的罗勃·梅南·罗吉斯校长曾就如何获得快乐说过:"我一直都在试着按照一个小忠告去做,这是西尔斯公司已故的董事长屈利亚斯·罗森沃告诉我的。他说:'如果只有柠檬,就做一杯柠檬汁。'"

这是一个伟大的教育家对快乐的理解,在现实生活中很多傻子的做法与他正好相反。命运给了自己一个柠檬,傻子就会对自己说:"完了,这就是命,看来我一点机会都没有了。"因此,他开始诅咒这个世界,开始自怨自艾,总暗示自己再没有机会。聪明的人拿到这个柠檬的时候,反应就会截然不同,他会说:"这么不幸的事情能让我学到什么呢?我要如何改变我的状况呢,或许这个柠檬是可以榨成一杯柠檬汁呢?"

伟大的心理学家阿尔弗雷德·阿德勒一生都致力于研究人类尚未开发、还留存着的能力,结果发现人类最奇妙的地方在于"把负面改变为正面的力量"。

下面给大家说一个很有趣且很有意义的故事。这个故事的女主角叫瑟玛·汤普森,她就是个善于把负能量转化为正能量的人。

瑟玛·汤普森说过:"战争期间,我先生在加州莫嘉佛沙漠附近的陆军训练营驻防。为了能离他更近一点,我把家也搬到了那附近。但是我一点都不喜欢那个地方,还可以说是恨透了那地方,可是我从未感到烦恼过。有一段时间,我先生被派往莫嘉佛沙漠出差，那个地方只留下了我一个人在小破屋里。那儿的热是难以想象的，尽管有大仙人掌的阴影遮挡，白天的温度也高达华氏125度。当地只有墨西哥人和印第安人，除此以外再没有其他人了，这些人几乎不会说英语，我无法和他们进行交流。那里的风很大，几乎所有吃的东西和呼吸的空气中都布满了沙子，到处都是沙子，全是沙子。"

"我几乎很难再去重现我当时所经历的环境。我无比伤心地提笔给我父母写了封信，告诉他们我受不了了，我想回家。哪怕是一分钟我都不愿意再待下去了，这里的生活还不如被关押在监狱里呢。我的父亲回信只有两行字，这简简单单的两行字这一辈子都留在我的记忆当中，它就此改变了我的生活。"

"'两个人同时从监狱的铁栅栏里往外看，其中一个看到了星星，另一个只看到了窗外的烂泥。'"

"这两行字我读过了无数遍，在字里行间我感觉惭愧无比。明白了其中的道理以后，我下定决心，我也要去找找我的星星，我也要找到这个地方吸引我的地方。"

"很快，我开始和当地人交朋友，当地的朋友给了我太多的惊喜。首先他们所织的布和做的陶器吸引了我的注意力，他们还拿出了他们认为最珍贵的，最不愿意卖给观光客的东西都送给我当作礼物。从他们那里，我还学到了如何仔细地欣赏仙人掌和丝兰的迷人形态，还听说了很多土拨鼠的故事。从那以后我开始天天欣赏沙漠上的日落，还在沙漠中去寻找贝壳——那些曾经生活在海里的，而300万年后还留存在沙漠的小精灵们。"

"我的态度发生了天翻地覆的变化，是什么改变了我呢？我眼前的这片莫嘉佛沙漠没有丝毫变化，印第安人还是印第安人。重要的是变化的人是我，是我自己改变了自己的态度。这种变化把原本已经伤心颓废的我变成了总在沙漠中追求各种冒险刺激的人。改变了自我让我看到了一个全新的世界，感动了自己，刺激了自己,后来我还很兴奋地写了名为《光明之辕》的小说。我终于找到了自己窗外的星星。"

这个故事的女主角瑟玛·汤普森除了找到了自己人生的星星,甚至意识到了古希腊人所教的一条真理:"最好的正是最难得到的。"

到了20世纪,哈瑞·艾默生·福斯狄克再次用自己的方式重申了那句话:"快乐的大部分并不是享受,而是胜利。"确实如此,一般胜利都和成就感密切相关,胜利所带来的是得意的感觉,简单说就是把柠檬榨成柠檬汁。

曾有一位住在弗吉尼亚州的快乐农夫,他的壮举就是把"有毒的柠檬"也榨成了"柠檬汁"。当初他刚刚买下这片农场的时候,他的心情是很颓废的。之所以不开心,是因为那是块太贫瘠的地,既不能种水果,也不能养猪,只有白杨和响尾蛇能在那块土地上生存。不过他很快就想到了一个好主意,他打算好好利用一下响尾蛇,他要把这种在他人看起来很是恐怖的动物变成一种资产。很多人都不相信他能成功,因为他要做的是响尾蛇肉罐头。而就在几年前,他的农场已经成为远近闻名的观光点了。

随后,他的生意越做越大,他的响尾蛇农场为很多药厂提供蛇毒制造蛇毒血清,响尾蛇的蛇皮也被他用很高的价钱卖给了皮包厂和皮鞋厂,而蛇肉就更是被做成罐头运送至世界各地的食客的餐桌上。他的农场更是贩卖诸多明信片,让到这里来观光旅游的游客购买并邮寄给自己的亲人朋友。因为他的缘故,如今这个村子的名字已经改成了弗州响尾蛇村,他确确实实是把手中"有毒的柠檬"做成了甜美的"柠檬汁"。

其实世界上这样的人并不少见,很多出色的人都能"把负面变成正面的能力"。

《十二个以人力胜天的人》一书的作者，已故的威廉·波里索就曾经这样说过："生命中最重要的，就是不要以你的收入为资本。任何一个傻子都会这样做，真正重要的，是要从你的损失里去获利。这就需要聪明才智，而这一点也正是聪明人和傻子的区别。"

波里索有如此深的感觉，只源自一次发生在他自己身上的意外。一次汽车灾难让他摔断了一条腿。还有一个摔断了两条腿的人，也和波里索一样能够把负面变成正面，他就是本·福特生。曾经有人见过他在坐电梯时，当电梯到他所要去的楼层的时候，他提出让身边的人给他让一下，并很真诚地对对方说："真对不起，给你添麻烦了。"在说话的同时，他的脸上满是温暖的笑容。

其实每个人都不是一开始就有如此正面的态度去面对生活。曾经有个很平凡的男孩，有一次他获得了一次去教堂进行业余戏剧表演的机会。演出非常成功，于是他决定要去学演讲。学演讲的经历让他依靠自己的实力步入了政坛。30岁的他就当选了纽约州议员。他在当选之后还是觉得自己还没准备好，甚至告诉自己的朋友，他还有点憷。不过他很快就转变了自己的态度，他从研究那些他必须投票表决的冗长而复杂的法案开始，只不过这些法案是用他很陌生的印第安文字写成的，但他还是坚持了下去。后来他又当选为森林问题委员会委员时，那时他对森林也还是很陌生，那时的他既惊异又担心。

包括后来他又满是惊讶和担心地当选为州议会金融委员会委员，担心的原因是因为他对金融业非常不熟悉，甚至不曾在银行开过户。那个时候的他几乎想从议会辞职，他实在太紧张了。不过他还有个心结，他不敢向自己的母亲去承认自己的失败。绝望给了他很大的动力，他每天都会花16个小时去苦读和学习，他想在最短的时间里把自己这个一无所知的柠檬变成一杯饱含知识的柠檬汁。他的努力换来了惊人的结果，他从一个小小的政治家演变成了全国最知名的、别人眼中

90

最为优秀的人之一,《纽约时报》还把他评为"纽约最受欢迎的市民"。

上面说的这个人就是艾尔·史密斯。

艾尔·史密斯在经历了上述的自我教育的政治课程10年后,成了纽约州政府最优秀的发言人。他是历史上唯一一个4次当选为纽约州州长的人。1918年,他也当选为民主党总统的候选人,另外也获得了6所大学的荣誉学位,其中不凡哥伦比亚、哈佛大学这样的名牌大学,而他却连小学都还没有毕业。

艾尔·史密斯说过如果他一天的工作时间不超过16小时,如果没有把劣势变成优势的话,他后来取得的一切荣誉都不可能发生。他的例子充分说明了尼采的一句很经典的话:"不仅能够在必要的情况下忍受一切,而且还要喜欢这一切。"

善于激励,创造愿景

对大多数人来说,"我愿意"是大家竞争力产生的源头。但凡自愿做的事情,不管多辛苦都会不计报酬勇往直前,也会全心全意。一般在这种情况下,一切都有可能。惊人的竞争力绝对不惧怕任何对手。可是自己不愿意做的事情势必会推三阻四、斤斤计较,即便没多大的困难阻碍,也会表现出一副心不甘情不愿的模样,一切都只因为任务不上心。这样的做法何来竞争力可言?

有些人似乎情绪更为充沛,也更容易受到情绪的影响。因此若是不注意去把持自己的情绪,就很容易一下子陷入低潮期,什么都不愿意做,也就最终影响到修己安人的管理效果。

从心理学的专业角度来说，不论哪种人类的行为都是有原因和过程的。在组织内部，管理者激励员工的前提是先了解员工的需求。这话听起来本身是没有错，不过还缺一点更深刻的道理，有些人的需求相对固定，满足的话也比较容易；还有部分人的需求在相比之下变动频繁，也变得更快，极不容易满足。从古至今，大家都会为自己立下很远大的目标，且随着外部环境的变化，自己的目标也在不断地调整当中，人们常说精益求精，止于至善，这也就使得自己的愿望不容易得到满足。于是，一部分人得寸进尺，拿一千望五千，还都期望多多提拔，多是不满足的表现。

获得激励的人都会心存感激，口口声声说着承蒙领导关爱，还表现出培植的恩德永铭五内。只是一段时间以后，似乎记忆就渐渐模糊，即使是当着上级那关爱的眼神，也常常会忘却曾经的激励。一部分人的做事习惯就是如此。

为何这些人有这种习惯呢？和激励机制有关系吗？这种关系是显而易见的。大多数这类人怀疑心偏重且警觉性高。这不一定是坏事，对于自律、自反、自主的人来说，如此激励也算得上是另一种形态的激励，通常被称作是自我激励。

在众多激励的形态中，自我激励是最具效力、最有把握的一种形态，尤其是在这个凡事都追求DIY（Do It Yourself，自己动手做）的年代里，自我激励无疑是最合乎时代要求的激励方式。依靠他人来激励自己的效果还不如自己激励自己的效果来得直接、来得简便。

曾子说："吾日三省吾身"，上文已经提过了，这是自律的最典型表现，换句话说，这也是有效的自我激励。所以记住，无论什么情况，就算再忙碌，也要给自己留一个小时，就算是短短的20分钟，也要为自己想想，今天的事情自己是不是尽力了？对朋友、对同仁、对家人，今天是不是都诚信以待？今天学过的一切东西是否都成为习惯，并且化为自己的能力？做得好就鼓励自己，用自我激励的方式增强自己的信心，提升自己的斗志；做得不够好，也别后悔，别为自己找借口,好好去反省一下自己失败的原因,为下一步的进步做一次根本性的检讨。

个人和组织都应该这么做。管理者可以在下班以后,利用和朋友聊天、喝茶的时间来反省一下自己今天的所作所为。在朋友当中,感谢朋友给予自己的帮助,彼此提升一下士气,不仅可以起到自我激励的作用,还可以促进朋友之间的团结一致。凡遇见不如意的事,那是上天给予自己最好的检讨机会,在朋友之间便是互相劝勉,彼此鼓励,最后互道一声再见,大家再走出去都会是一番新的气象。

下班了,别匆匆离开,留给自己一点点时间,用自我激励的方式来规避明天可能发生的失误。

自我激励很重要,他人的激励方式也要注意。上级的变化应该称得上是价值最高,却最为平和的他人激励方式了。

想想看,上级的一点点动静,下级自然就会跟着调整自己的所作所为。应该没有哪种激励比这种方式来得更为方便吧。纵使有些人会怀疑这种方式是不是太官僚,已经不合时宜了,但不可否认在某种合理的程度上确实很有效。可见,在有效的自我激励之外,上级的积极暗示和提醒,都会推动下属的自省和检讨,并积极做出合理的改变。他人激励和自我激励是不同的,它最大的差别在于它随时随地都会发生,不会轻易惊动不相关的人,这还不够简便、安全和有效吗?上级如果能在不方便的情况下,以不明言的方式提醒自己的下属,不失为一种优秀的激励方式,它可以和自我激励相结合,起到意想不到的效果。

以暗示代表明示,表示了对对方的尊重和包容。这种方式无疑对双方都有好处,上下级若非有很强的默契,是很难领悟这种暗示的。

时时要保证持续的"我愿意",是有一定的困难的。人有七情六欲,情绪随时都会因为内在外在环境的变化而变化,因此激励是需要随时随地做好准备的。自我激励一般来说最为有效,但能做到自我激励的人有限,在组织内部管理者还需要注意暗示提醒自己的下属。

自我激励，再加上彼此不明言的互相激励，随时随地都注意二者的结合，运用合理恰当的话，才能保证自我情绪的稳定。

将一时失意作为幸运的起点

有一个叫爱德华·特霍的出租车司机，他多才多艺，思想活跃，乐于助人，尤其是他懂得如何倾听别人的谈话。

曾经有人问过爱德华，该如何战胜逆境，该如何成为为这个世界作出贡献的人。爱德华想了想以后提到了另一个人——航海家纳撒尼尔·鲍迪奇。

纳撒尼尔·鲍迪奇出生在1733年，终年65岁。10岁的他就开始自学拉丁文，并研究牛顿数学理论。21岁时的鲍迪奇已经成为一位数学家。随后他开始出海研究和学习各类的航海知识，在航海的过程中还教会了船上的船员如何观察月亮，并确定航船每天的位置。航海历程结束了以后，他自己写了一本航海书，这本航海书成为了后来很多航海爱好者参考的经典名著。这么看的话，作为一个受教育程度并不高的人，爱德华认为他很是伟大。

对于鲍迪奇来说，困难似乎在他的人生中并不存在。在他成为数学家之前，他似乎不知道大学教育是什么，这没有阻碍他对知识的追寻，他一直坚韧不拔地勇往直前，去汲取一切必需的知识。爱德华认为天天在街道上穿行的自己，和在大海上航行的纳撒尼尔·鲍迪奇一样，他也想让自己的生活词典里再也没有困难二字。

"困难"是很多人用来逃避失败，逃避责任的最佳词汇。有人没考上大学，他们说是因为在他们的生活中有各种各样的困难。可是想想，即便是上了大学，他们也可能用各种困难借口打不赢自己人生战场上的这一仗。这不是成熟的人应该有的姿态，成熟的人面对困难，想到的第一个问题是如何去排除困难，而不是先找借口。

著名发明家亚历山大·格拉汉姆·贝尔博士曾向华盛顿特区美国国立博物馆馆长，他的朋友约瑟夫·亨利抱怨说，自己在工作中遇到了一些困难，主要是因为电学方面知识的欠缺。听完贝尔的抱怨以后，亨利并没有同情朋友的遭遇，更没有安慰的话语，只是淡淡地说："我感到很抱歉，你居然之前没有好好学过电学知识，真是太可惜了！"

亨利继续对贝尔说的话就更让人吃惊了，他没有说贝尔需要一份奖学金，或是需要父母的帮助之类的话语，只是吐出了几个字："现在开始学吧。"

贝尔真的接受了亨利的建议，认真地学电学知识。他花了不长的时间就掌握了这门知识，还拿出了一个堪称是人类通信史上划时代的一个发明——电话。能肯定的是困难是一种前进的障碍，大家也有理由相信苦难确实让不少人知难而退，但请问问自己，是不是真的就情愿如此俯首认输呢？

美国前总统赫伯特·胡佛，他出身于一个很普通的铁匠家庭。他的父亲很早就去世了，这样贫穷的家庭并没有阻挡胡佛成为美国总统。还有国际商用机器公司（IBM）的总裁托马斯·J.沃特森最初也是一个周薪仅有2美元的小小书记员。电影界的泰斗阿道夫·朱柯在当演员之前也是一位毛皮商的助手，经营着一家自己的小游乐场。

上面提到的那些人，他们并不在乎自己的出身，贫穷没有阻碍他们的前进，他们所做的就是克服自己所面临的贫穷和困难，自怨自艾的态度在他们身上从来没有出现过。

著名作家罗伯特·路易斯·斯蒂文森的经历也是如此。他是个从小就体弱多病的人，疾病和痛苦没有让他放弃自己的生活和工作，反倒是激励出了他在精神层面的许多积极向上的东西——有阳光，有力量，有健康，还有成年人的活力，于是，读者在他的作品中读出了一种来自生命的旺盛活力。斯蒂文森用自己战胜病痛折磨的经历和精神力量，赢得了自己在文学界的一席之地。历史上还有很多很多的伟大人物都出自可怕的挫折和灾难。比如文学家拜伦是个跛脚；政治家朱利阿斯·恺撒患有癫痫症；作曲家贝多芬的耳朵后天失聪；军事家拿破仑身材矮小；音乐家莫扎特为哮喘病所苦；政治家富兰克林·D.罗斯福患有小儿麻痹症；社会活动家兼作家海伦·凯勒在盲聋中度过一生；歌唱家珍妮·弗洛曼因飞机失事而严重受伤，她的伤却给了她顽强的力量去歌唱；女演员苏珊·鲍尔截肢影响了幸福的婚姻，却在电影事业上获得了巨大的成功。

以上提到的这些人都不甘于在自己人生中的这些困难面前倒下，他们很成熟地去看待困难的到来，人生有了黑暗不代表不再有光明，还是可以为未来将要到来的光明而负责。他们不乞求外人的协助，也不为自己寻求借口，只为自己负责。

《圆满的一生——死神门前的徘徊》的罗伊·L.史密斯就用艾莫·何姆斯的故事来启发所有的读者。

上篇 做管理要破除的六种心态

出生在俄亥俄州韩特斯维尔的艾莫·何姆斯，在出生的时候，有乡村医生断言他是不可能活下去的。可惜这位乡村医生的结论错了，艾莫·何姆斯在成长过程中，忍受了各种不同的痛苦，他的肺部甚至受到了严重的伤害，而这些痛苦都没有让他失去活下去的勇气，他用顽强战胜了病痛和病魔，还活到了90岁。由于病痛的缘故，他干不了重活，只好转向阅读。1891年，28岁的他成为卫理公会的牧师。在当牧师的过程中，尽管病发过两次，也没有夺去他最终生活的勇气。随后，巧克力制造商约翰·S.胡伊勒关注到了艾莫·何姆斯，赞助他一定的资金去治疗。经历了几个月的治疗以后，这个曾经被人断言无法继续生存的人离开了疗养院，因为他已经康复了。为他提供金钱，帮助他治疗疾病。几个月以后，这个被断定必死的人康复了，离开了疗养院。

艾莫·何姆斯康复了以后来到教堂，用传道的方式开始筹募基金，筹到的基金总数高达300万美元，这项基金基本都用来资助各所大学和医院。他69岁退休前，已经传道了1000多次，也出版过两本书，还为各种不同的宗教和慈善机构筹募了50万美元的善款，曾担任了20家机构的董事，自己也捐出了5万美元，在加州大学附近建了一座教堂。

在艾莫·何姆斯的生命中困难二字也是不存在的，或许他从未想过自己的生命会因为什么而受到阻碍，他不过是抱着一个笃定的目标，不舍昼夜地生活了90多年。可以说，他的90多年完完整整书写了"勇气"两个字。

很多老人在这个过分强调"年轻"的国家和时代一点点感觉被时代所抛弃，年龄的阻隔让他们常常感觉被时代遗忘。

一位退休的老妇人，今年已经74岁了，她茫然地面对着自己未来的日子，不知道该如何度过这剩下的日子。老妇人在退休前是一名教师，她退休前并没有什么积蓄，为了维持自己的生活，她必须继续工作，经济上和精神上的困难迫使她不能放弃工作。她说："我现在可以教书，还可以给小朋友讲故事，我习惯在讲

97

故事的时候给他们放一些很漂亮的幻灯片。"

对自己的现状她显然还有些热情,那为何不重新拾起她该做的事情,继续讲她的故事呢?

老妇人很明显没感觉到这点热情和可能的存在。有一天她终于意识到了自己可以这么做,于是备受鼓舞,重新兴奋地投入自己的教育事业中去。从那一刻开始,年龄和时间不再阻碍她开心地工作,以至于很多时候她自己感觉自己的能力已经超过了年轻时候的自己,因为此时此刻的她经验更为丰富,故事讲得比从前更为动人。

随后她找到了福特基金会,这是为推动美国文化作出了贡献的知名组织。她找到了这个组织,目的是为了给自己制订的幼儿园"讲故事计划"做宣传。结果她找的人都要求提供一份证明。于是,她开始介绍她的计划,她的故事里总是充满了温情和戏剧性,还有强大的诉求的力量,用自己的方式说服了对方,对方接受的关键也就是因为她那温情脉脉的讲述。

这位老妇人如今的生活已经充满了热情和信心,就像个年轻人一样。她用讲故事的方式给无数的孩子送去了欢乐。年龄对她来说不再是个阻碍的因素,她再不说自己太老了,一点用都没有了。自从她开始给孩子们讲故事,她的价值和人生走出了新的旅程。老妇人为自己制订了详尽的计划,挖掘了自己所能挖掘出来的才能和经验,踏踏实实地营造着她的梦想。74岁的老妇人,随着年龄的增长,她所获得的不是苍老,而是成熟。在一般人看来已经是古稀之年的年纪,她却找到了激励自己的动力。

大文学家萧伯纳也很是鄙视那些总是抱怨环境阻碍自己的人。他曾在书中说道:"老是抱怨环境只能使他们成为今天这样。我不相信环境之类的借口,世界上有所成就的人,都是主动寻找适宜他们的环境的人,如果找不到这种环境,他

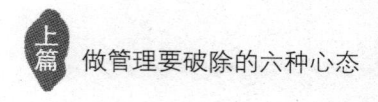

们会自己去创造。"

谁都有各自生活中的痛苦和困扰，刻意去寻找人人都有机会找到。像是年轻时，很多人都会认为别人比自己好，但走出社会以后就会发现凡人都有优缺点。

跟那些跛脚的人相比，健康地走路已经是很幸福的一件事情了；跟穷人相比，自己已经宽裕不少了。人不论肥胖、瘦弱、美丽、丑陋、内向、外向等，这些特性只要自己想找都能找到困扰自己的障碍。

一个不成熟的管理者，总在和他人的比较当中发现自己的障碍，渴望别人对自己特别加以考虑。成熟的管理者则反而有所区别，他们知道自己的优势所在，也知道自己的不足在什么地方，因为他们不会妄自菲薄，在与他人比较中能够见贤思齐，发掘自己的特点所在，以求更大的进步。所以对于管理者来说，走向成熟就不要惧怕困难，它或许会是幸运的开端。

不气馁，坚持总有希望

恐惧是很多人不敢放手去干的主要原因。他们并非不优秀，而是害怕自己不能坚持，不能继续勇敢下去，一点点挫折就可以让他们放弃。

困难是必然的，谁都躲不了。

美国销售协会做过一项对推销员的推销的调查研究，结果显示，48%的推销员在找到一个客户之后就选择了放弃；25%的人是在找到两个客户后选择放弃；15%的人是三个；只有12%的人还能够在找到三个客户以后继续做下去，就是这些人做成了80%的生意。

这份调查的结果说明了一个道理，一个人做一点事不难，要持之以恒地做对很多人来说就困难连连。做人如此，管理一个组织亦是如此。

圣火公司被称为是国内暖通行业"黄埔军校"，能够得到这样的殊荣，圣火公司并非有意而为之。可以说现在北京市场上销售和安装暖气的专业人员中，有80%都是从圣火公司出去的老员工或是被猎头从圣火公司猎走的人才。圣火公司的员工常常戏称，到外地出一趟差都会一不小心碰见自己过去的同事。

在业界，很多人都在为圣火公司抱屈。

可是，作为圣火公司董事长的王丰却从来不为此感觉无奈，反倒是每每有人提及此事，都是满脸自豪地说："我没觉得圣火吃亏了。人才流动本来就很正常，而对于圣火的人才外流我们应对的办法就是再加大培训力度，培训出更多的专业人员，直到市场再不需要此类人才为止。"

企业要真正有活力，要能够长期屹立不倒，就要有和王丰相似的想法，否则就再也走不下去了。

圣火没有因为人才的外流而气馁，他们的目标是要把圣火做成为暖通类产品集散地的代名词，这就需要有一支很出色的生活团队，有越来越多的人才，不论是服务于生活，还是服务于这个行业的其他企业，都是在为这个行业的发展而尽力。这或许就是圣火公司的胸怀，它在发展自我的同时也在为一个行业的发展作出自己应有的贡献。况且，人才流动了之后对企业来说无疑是大浪淘沙，沉淀下来的才是能够与企业共进退的最优秀人才。

不气馁，这是坚持下去的最基本理由。能够坚持的企业会得到最真诚的回报。

圣火公司的人才培养体系是很健全的,它很重视从各个方面对员工素质进行有意识培养,因此它培养出来了一大批心怀感恩、尽职尽责的好员工。这些员工在服务客户时,都是充满了很高的敬业精神和文明素质。曾有某市政工程设计研究总院给圣火公司写过一封表扬信,信中说:"公司安装部的刘师傅活儿干得好,产品质量也好,圣火暖气很不错……"就这短短的几句话王丰就十分满足了。很多人对客户的表扬不以为然,王丰却非如此,客户的认可就是企业最大的一笔财富,他由衷地为自己的企业和员工感到骄傲,这么多年的人才培养投资总算是没有白费。

组织在培养人才时,其中有一部分人戒骄戒躁,不断地学习充实自己。他们知道人才绝非一朝一夕就可以成就,尤其是被组织所珍惜的人才。组织所珍惜的人才,必也是眷恋组织培养他们的平台。就像一些公司之所以人才辈出,正是有人才愿意与企业的发展共进退。

坚持不懈的组织,与它共存亡的员工在这样的企业文化熏陶下,身上也会带有不气馁的精神。就算是再大的难题,他们都不会轻易放弃。

这里给大家举个例子吧。

假设有一个人能担起100斤的担子,只是一再地让他去担80斤的担子,过不了多久他的力气就会越变越小。换一种办法,总让他担110斤的担子,一开始他一定会有点吃力,不过咬咬牙也就坚持过去了,到了最后他所能担东西的起点就会是110斤。事实上,训练举重运动员的方法大抵如此。固然说那些能在国际大赛上打破纪录的人是有一定的潜力存在的,可要是没有了平时训练中一点点加码训练的话,也是无法成就他的成绩的。只有一次次加码,一遍遍坚持,才有了创造最好成绩的勇气,直至坚持到最后。

坚持可以铸就生命的张力和韧劲，每坚持一次，都会让自己的生命多一点勇气，多一分强大。

不进则退，即便是原地踏步从另一个层面来说也是退步。

国内餐饮业的知名品牌俏江南，如今已经站到了餐饮业的最高端，即便已经成为了餐饮业的巨头，它仍旧不敢止步不前。2008年，俏江南荣幸地成为奥运会8个场馆的餐饮服务商之一。

在餐饮行业中，俏江南的勇气是无人质疑的，可究竟是什么可以支撑他们在风险面前如此坦然地勇往直前？俏江南不会不知道一点点小小的闪失都可能功亏一篑,.谁敢不谨慎呢？俏江南经过十几年的努力缔造的良好声誉绝不能因为任何原因而毁于一旦，但绝不能因为这一点就止步不前，就缩首缩脚。往前走有困难，有困难也要往前走。

俏江南的董事长张兰是个有理想的企业家。她从小就爱做梦，她的梦不止是梦，在她的眼里梦想只有实现了才是梦想。因此，她在处理问题上从没有顾虑，特别果断。事情只怕是她想不到，只要想到她从不考虑有什么样的困难，只是勇敢向前。

经营餐厅理所应当会有很多琐碎的问题出现，像是菜品质量不稳定、顾客投诉等，创业初期的张兰，这些问题只要一在俏江南出现，她都亲自处理，而且她的方式很直接，力度也很大，当罚就罚，没有商量的余地。

2005年5月2日，张兰巡视俏江南北大店时发现驻店总经理不在，问店员是怎么回事，店员只说是驻总带孩子看病去了。经过一番调查之后张兰才知道这个员工在替驻总撒谎，只因为她是这个驻总提拔上来的。张兰在处理这个驻总的时候则不手软，尽管她也很心疼，不过她还是当即通知人力资源部发通知将其除名，这样的处理显示了张兰的果断。

张兰的另一个特质就是勇敢。勇敢却从来不盲目,例如对厨师的管理就是如此。四川人一般喜欢承包厨房,尤其是厨师爱抱团,几个关系好的厨师总会结成一个小团体。有时候只要厨师长一声令下,这个小团体可能就会集体撂挑子。张兰为了对付厨师的"抱团"行为想出了一个绝妙的对策——"掺沙子"。简单说,就是所有的厨师都一律由公司的人力资源部门统一招聘,并且把他们分散在不同的部门,还通过企业内部的文化为他们灌输正确的企业理念。这样一来,厨师心里面想的就都是俏江南的事儿,就不会轻易在厨师长的命令下抱成团。在此基础上,俏江南还通过丰富员工的业余活动来提升员工对公司的向心力和凝聚力。张兰的这种做法很快就取得了成效,从此俏江南再不会因为某个厨师的离职而造成大批厨师集体离职的现象。与此同时,张兰也加强了对厨师管理的科学性和合理性。在餐饮业里,厨师大多数只会炒菜而对其他工种一窍不通。可是在俏江南里的厨师却是多才多艺,炒菜只是最基本的技能,他们还懂管理,还会用电脑来分析数据,还包括操作后厨管理成本系统,等等。厨师们自己每天也要进行盘点,包括成本核算、库存管理、业绩考核等,这是他们工作中很重要的一个部分。

所以说,有了张兰这个勇敢决策而又勇敢追求的总裁,俏江南也不愁没有蓬勃的发展势头。

张兰曾不无感慨地说:"战略眼光很重要,但更要有乐观、自信的精神风貌,不能为大家都看得到的困难所吓倒,要一点点战胜困难,这样才能始终在前面领跑。"

所以说,勇往直前是发展至上的唯一方式,敢想敢干是离不开长期勇敢的坚持的,越坚持越勇敢,才能大有作为。

要出头靠的是强有力的执行力

抓住机遇是当今世界摆在很多人面前的一道大题，也是一道难题。很多企业和组织最发愁的事情就是不懂得如何抓住机遇。如果说没有机遇是客观所限的话，那么抓不住出现在眼前的机遇那绝对是人为的失误。探究其根源，不外乎是缺乏强有力的执行力造成的。

有这样一则寓言：

从前，有兄弟二人去打猎。这时恰好一只大雁飞了过来，兄弟两人同时拈弓搭箭，想着射下这只大雁好晚上下饭吃。哥哥说："我要把它射下来煮着吃。"弟弟说："大雁要烤了好吃，鸭子才是煮着好吃。"于是两人开始争论不休，最后也只好回家找父亲评理。回到家后，父亲听了兄弟俩的讲述，说道："一只大雁一半煮，一半烤不就行了吗？"兄弟俩听后，觉得父亲说得很有道理，打算再回头把那只大雁射下来，结果可想而知，大雁早就无影无踪了。

竞争如此激烈的市场，机会稍纵即逝，就好比是寓言中的那只大雁一样，它不会为了任何人而多留片刻。所有人都希望幸运女神都能降临在自己身上，因为成功总是由机会带来的。实际上，机会只不过是给出了一种可能性，它和成功的直接结果没太多的联系。优秀的执行者总是善于利用机会为自己的成功铺路，他们会把捕捉每一次机会当作成功的执行点，还将此作为常用的执行手段之一。

1962年，吉列公司当时在美国的剃刀市场上独霸一方。吉列刀片公司的核心产品——"超级蓝光"刀片前后历经了5年时间才研制成功，最终在1960年正式投放市场。到了1962年，"超级蓝光"刀片给吉列公司创造了约1500万美元的利润，它几乎占到了公司利润总额的三分之一还多。可是这种刀片有一个最大的缺陷，它是用碳素钢制成的。它薄而锋利，却很不耐用。在投放市场之后，就有消费者开始纷纷反映，只是这款产品在市场上的销量太好，吉列公司从这款产品中的赢利让吉列公司几乎已经遗忘了它的缺陷所在。

其实在"超级蓝光"投放市场之前，另外一家英国公司威克逊公司就已经研发出了一种用不锈钢制成的刀片。这款刀片相比"超级蓝光"，虽不如"超级蓝光"轻薄锋利，但经久耐用，极富弹性，使用方便。因此，该产品一经推出就很快地占领了英国市场，消费者对此也颇为满意。这款产品最大的问题是投放量不够，进入美国市场的数量有限，知名度也不够高，难以在短时间内对吉列公司的"超级蓝光"形成威胁。

而另一家吉列公司的老对手——美国精锐公司和安全剃刀公司却很快在市场上嗅到了这场竞争的信息，它们紧跟着威克逊公司也推出了自己品牌的不锈钢刀片。最后，它们成为了这个市场上的赢家，精锐公司和安全剃刀公司的刀片在美国市场上吸引了一大批消费者，一瞬间名声鹊起，它们的产品对吉列公司产生了很大的冲击。

这个时候，吉列公司才意识到问题的严重性。在精锐公司的竞争之下，它们只得尽快做出应对。吉列也考虑过是不是开始开发自己品牌的人主张吉列公司也马上推出自己的不锈钢刀片，只有这么做才能在这场竞争中重新树立吉列公司的品牌形象，花上一点点宣传费用就可以再次占据很大的市场份额。不过，吉列也有自己的考虑，如果推出新一代的不锈钢刀片势必对王牌产品"超级蓝光"造成强烈的冲击，最后的结果只能是迫使自己放弃这个王牌产品。当然还有其他另一部分人的想法则不一样，主张要调动所有可行的手段来增强对"超级蓝光"的促销力度，首先保障并扩大已有的市场份额，这个做法显然比前一个做法要让吉列驾轻就熟得多，吉列公司也不必费太大气力去做改变。

当时有机构对吉列的"超级蓝光"做了一项详细的市场调查，结果显示"超级蓝光"质量上乘，制作工艺自然非常过关，产品的表现也相当稳定。相反，才刚刚上市的不锈钢刀片，从工艺上说尚未过关，质量也不太稳定。另外，"超级蓝光"的受众定位是高收入消费者，而不锈钢刀片的目标人群还主要是中、低端市场，二者的竞争点并不在同一个市场。有了这份调查报告之后，吉列公司最终作出的决定是不理睬不锈钢刀片，而对"超级蓝光"还是一如既往地宣传和推广，全力巩固"超级蓝光"的市场地位。

市场的发展是吉列公司所无法预料的。吉列公司的决定带来了连公司自己都无法意料的结果。市场上的竞争事实是，不锈钢刀片上市后在美国市场上迅速占据了大半个市场，此时的精锐公司和安全剃刀公司充分利用了吉列公司在市场上选择沉默的时机打出了强有力的宣传，造成了大量原本是吉列"超级蓝光"的用户流失，一时间"超级蓝光"刀片的销售额锐减，吉列在市场上的占有率降到了史上的最低点。

到了这个时候，吉列公司才意识到自己的严重错误，1963年他们被迫推出了自己的不锈钢刀片产品时，已经太晚了，整整比对方迟了6个月。

吉列公司的例子正好说明了机会的重要性，能不能抓住机遇是一个很重要的发展契机。要是机会来了，自己没能抓住，无异于将机会拱手相送给了竞争对手。个人和组织的发展比如是逆水行舟，不善于抓住机遇的人就是不进则退，对手的任何一点进步都可以视为是自己的退步。机会到来时不去很好地把握，就等于把自己置于一个落后于他人的不利地位。因此，很多企业和组织总在强调自己的执行力，目的在于抓住难得的机遇。那么究竟该怎么做才能最有效地发挥机遇的效力呢？

首先，善于发现机遇。世界上不缺少美，缺的是发现美的眼睛，这句话大家都耳熟能详。机遇和美有很多相似之处，缺少敏锐的观察力也是发现不了机遇的。本质上来说，机遇就是信息，这种信息是一种很特别的信息，它可以帮助人们认识到市场上缺少什么，需要什么。信息时代，信息自然就是机遇的错在，抢到信息的人就是抓住机遇的人，信息是机遇也是财富。从多个渠道去搜集各类信息，不论是对手，还是朋友、客户。执行力强化的第一步就是要做好信息搜集工作，缺少了这些信息是无法准确判断市场动向的。

其次，机遇是需要分辨的。机遇是信息，可不是所有的信息都是机遇。现代商业社会发展多元，宏观地看，市场似乎永远不饱和，仿佛随时随地都有机遇，可事实真是如此吗？不少信息实际上是可怕的陷阱，而非机遇。举个可口可乐的例子，大家或许就会明白什么样的信息是陷阱而不是机遇。可口可乐是当今世界上饮料界的霸主，但公司并未对此满足，为了获取更高的利润，可口可乐开始计划进入娱乐业。1981年，可口可乐有了大动作，斥资7.5亿美元收购了哥伦比亚电影公司，还让自己的顶级销售人员进入哥伦比亚公司参与管理建设。娱乐行业与饮料业的经营有相似之处，但是还是有很大的差异，可口可乐那么多年所积累的经营优势不可能原原本本地照搬到哥伦比亚公司的。很快，哥伦比亚公司的电影经营业绩出现了急速的下滑，这一次可口可乐的失败成为了媒体津津乐道的话题。可口可乐进军娱乐业的计划失败了，这并不能磨灭可口可乐在饮料界的成功，只是他还尚不具备在娱乐业这个财富金矿当中挖掘的可能性。某些可能的信息并不代表可以盲目推进，要先考虑到自己是不是有合适的执行力能够抓住这个机遇，要不然给自己带来的只会是失败。

　　最后，创造机遇也是必要的。世界上没有绝对的公平，机遇和成功之间不仅仅是直线的联系，而是需要一点点运气的点缀。每个人的运气不可能全然相同，不可能人人都运气一样好。被动地等待机遇的降临，一生或许会有那么一两次机会，这样的机会总是少之又少，由于守株待兔只会换来漫长而痛苦的等待。记住，机遇是可以被自己创造出来的。这不是笑谈，这是真的，等不来机遇就给自己创造机遇吧。一个拥有优秀的执行力的人就是可以创造机遇的人。曾有一位研究过比尔·盖茨创业经历的学者指出："是普通人对现代电子科技的需求，造就了盖茨这一代巨富；而微软公司的产品则引导着普通人轻而易举地敲开了应用现代电子的大门。"比尔·盖茨的成功离不开极佳的机遇，这保证了他和他的微软公司在竞争激烈的市场上长盛不衰，但根本的是他自己也是极其善于创造机遇的人，他在以自己为轴的世界里围绕着自己创造着机遇，他主导着市场，而不是跟着市场走，这样的人才会率先达到领先的市场地位。

用激情让自己出人头地

激情是一种情绪，是一种比较高亢的精神状态，在工作中激情也可以是工作态度。工作很多时候是需要激情的存在的，激情可以推动工作更完美地完成。一个长期保持激情的人才能有效地保持较高的执行力，他可以调动身上的每一个细胞去执行内心最为渴求完成的工作。

如果把工作比做船，推动船帆的风就是激情。没有了风，船是动不了的，因此在工作中缺少了激情也就没了动力，工作很难完成。从这个层面上说，激情是催发干好工作的动力的根本所在。所以说工作中需要无限的激情，激情铸就了工作的原动力和推动力，执行力在激情的基础上得以充分的展示和发挥。

微软公司的企业文化中有很重要一条就是激情工作。每天微软公司都要求员工要以饱满的激情投入一天的工作，把自己的全部努力都视为是对科技事业所作的贡献。包含了激情的企业文化给予了微软员工很积极、很正面的影响。在微软公司工作的员工基本都具备积极的心态，说起来这也算是微软公司始终不败于市场的秘诀之一，也是胜过其他大公司的关键点。每个微软人在工作中都会用饱满的热情去面对工作。激情面对工作，这是微软对每位员工的要求，这样的企业要不兴旺都有点难。

微软的人力资源管理人员曾坦言："我们想要的员工，最看重的一点就是是否激情四射，对公司是否有激情，对技术是否有激情，对工作是否有激情？对微软而言，激情是创造力的前提。"

企业需要有激情的人去创造，这不仅仅是微软这样的大公司有这样的想法，小公司也同样。曾有一家小公司的人力资源管理人员就表示过自己的公司在对外招聘时，很重视人才的基本素质。而这里所说的基本素质包括了扎实的专业技能和专业基础，还要有很高的工作激情。

联想集团董事局主席柳传志也说过："一个没有工作激情的员工，不可能高质量地完成自己的工作，更别说创造业绩了。只有那些对自己的愿望有真正热情的人，才有可能把自己的愿望变成美好的现实。"那究竟激情和工作之间的关系如何呢？

第一，缺少激情地工作不会产生任何好的业绩。

工作中保持旺盛的激情，能够帮助自己提升业绩，而且还能带来诸多意想不到的惊喜。

初入职场的人，一般都会热情饱满，激情四射。随着时间的慢慢推移，激情是会被一点一点磨灭掉的。平淡取代了最初的激情，往日的创意也会随之削减，之前的心跳和激情都消失了。

一个人在一个岗位上工作久了，激情难免会消退，工作的成效也会有所降低。

曾有人说过："没有激情，如何创造出工作成绩？"没有激情的人如何在前进的道路上继续前行呢，又如何可能有创造性的思维创造出惊人的业绩呢？

小王在一家公司某部门就职，因为在工作中缺少激情，每天上班对他来说几乎已经提不起任何兴趣。到了办公室的他也总是一副心不在焉的样子，凡事都消极应付，还时常牢骚满腹。工作在他眼里就好像是一个束缚着他的牢笼，他感觉苦不堪言。工作了一年，小王尽管没有什么错，但始终没有太出色的业绩，成了公司可有可无的人。他还有一点让老板忍无可忍，小王越来越颓废的样子已经影响到了身边的同事。他的不良情绪在公司内部蔓延开来，与他共事的同事也渐渐地打不起精神。小王这样的状态，老板是无法接受的，没开除他就算是对他的照顾了。

在另一部门的小陈和小王的工作状态有着天壤之别。小陈给人们带来的感觉是个每天精神抖擞、乐观自信且面带微笑的人。每每到公司，小陈先是和自己的同事热情地打招呼，再全情投入自己的工作当中去。当遇到问题和困难的时候，小陈先会想方设法地寻找解决问题的方法，不气馁，不放弃。如此激情四射的一个年轻人，同事们都十分喜欢，积极的工作态度也让公司的老板看到了这个工作业绩突出，有很强的工作能力的年轻人，他的快乐和激情感染了周边的所有同事。很快他就被提拔为销售经理。

激情是生命力的表现，激情是可以感染其他人的，解决工作中的问题也是需要激情的。

小陈和小王做着同一份工作，在同样的公司环境里，但两个人的结果是不一样的，根本的区别就是两者是否有激情。有激情的小陈是个充满活力的人，工作出色，且有着傲人的业绩；小王则不同，缺乏激情让他少了动力，变得懒散，工作中十分冷漠，也不可能有辉煌的业绩。

事业上的成功是离不开对工作的无限激情的，只要是能创造不凡的业绩、最佳的工作效果的人，身上都有不断高涨的工作激情。把满腔的热情投入工作中去，才会有不凡的业绩产生，成功的喜悦感才会来到自己面前。

第二，执行力源于激情。

一个好的执行者必然是个高素质的人，他们的工作能力也很强，但激情也是必不可少的，少了激情的执行者是会影响个人的执行力的。

111

激情是执行力的原动力，执行力源于激情。

激情能保证挖掘出人的最大积极性和潜能。实践证明，满怀激情的人在工作中，即便是再困难的情况，都不会阻挡他们一如既往地向前，他们总是一丝不苟地去完成各项任务，做完各项工作。

一汽大众公司焊装车间高级工人技师王洪军，经过十几年的工作实践积累，共发明了40多套、2000多件工具，在很大程度上填补了国内此领域的空白，被行内人誉为"生产线上的千手观音"。

2007年2月27日，王洪军登上了我国科技殿堂的最高领奖台，获得了国家科学技术进步二等奖。这位常年在工作中充满了激情的普通工人赢得了最高认可。

王洪军是一个对工作充满激情的人，这点相信没人会否认。年轻时的他为了尽快掌握车身修复技术，几乎牺牲了自己所有的业余时间，一心扑在工作上，不管上班下班都把精力放到车身修复工作上。他曾经为了实现只做展车的梦想，虚心向外籍技师学习技术。外籍技师开始动手干的时候，他就很专心、很认真地在边上仔细观察；外籍技师一停下活，他就在自己准备的本子上记下了所有的要点和重点；外籍技师下班了，他还在废件上不停地鼓捣、琢磨，权当练手。俗话说，世上无难事，只怕有心人。王洪军凭借着满腔的热情和自己的不懈努力，过了不久就掌握了最高难度的展车制作方法。他在实践当中改造了许多工具，制作Z形钩、T形钩、打板等单件工具发展到多功能组合工具，累积了不少实践经验。

不可否认的是，王洪军如此全心全意投入工作的动机在于激情，有那份对工作的激情，他全身心地扑在了工作上。谁都知道缺少激情就缺少了根本的动力，不可能去学习、去创造，所谓在平凡岗位上创造辉煌的事情就更无从谈起。

可以想想王洪军要是嫌弃钣金整修岗位工作又苦又脏又累，总在敷衍应付，或是朝秦暮楚，想着要跳槽，那还能有接下来的这一个又一个的发明创造吗？他还能与那么多的科学家一起站在国家科技殿堂的最高领奖台领奖吗？

有些人认为，成就一番事业必定要站在很高的起点上。事实并非如此，平凡的岗位上也能够有大成就、大作为，这不取决于岗位的高低，只取决于自己是否能静得下心来，用饱满的热情去面对工作。别让自怨自艾的情绪浪费了自己的时间，虚度了自己的年华。王洪军的事迹就证明了这一点，干一行、爱一行、专一行、精一行，责任心可以点燃自己的工作激情，哪怕是再平凡的工作也能有一番成就。

工作中激情好比是灵魂，工作中失掉激情，好比是失掉了灵魂。工作有了激情，一切意想不到的收获或许就会降临。

第三，培养自己的工作激情。

激情和职业发展有很大的联系，缺少激情的执行，结果可想而知。

上面已经提到，一般初涉职场的人浑身都有使不完的劲儿，渐渐地就没有干劲了，工作业绩也开始下滑。这就是工作中的低谷。该怎么样才能把自己抽出工作的低谷呢？只有一个办法，那就是培养自己的工作激情。

美国著名激励大师博西·崔恩花了很多年的时间研究如何培养个人的工作激情，他的研究结论主要有以下几点：

1.要改变自己惯有的看法。一般认为，工作兴趣会激发工作激情，当兴趣消失了，工作激情也会慢慢消亡。这种观点在崔恩看来是不对的，必须改变。工作兴趣固然对激情有一定的激励作用，只不过兴趣是可以培养的，可以慢慢维持的，在工作中发现和培养自己的兴趣才是激励自己产生激情的主要方式。

2.把工作当作一项事业。工作如果只是单纯的工作，很多人是提不起兴趣的，一般的谋生手段让很多人都习惯去敷衍对付。但是事业就有所不同了，工作无法产生的激情，在事业上是可以产生的。事业可以让自己体会到自己所从事的是一份有价值、有意义的工作，为事业而打拼的人能感受到，做好一项工作是一种使命，只有事业才是成就自己的最终途径。

3.要不断地给自己找下一个目标。新的目标是激励自己源源不断地产生动力，工作起来才有高涨的热情和方向。

4.与激情人士为伍。在一个富有激情的圈子里很容易受到其他人的感染，激情本来就是可以相互传递和相互感染的情感，经常与激情人士为伍，自己也会开始变得激情四射。

5.要释放压力。工作中的压力是很常见的，这并不可怕，怎样正确地排解和释放压力是必须学会的一项技能。压力被排解出去之后，激情才能重燃。

6.切忌自满。工作中最怕的不是压力，而是自满，自满容易造成不思进取的情绪蔓延，那丧失激情是意料之中的事。不断进取的人是不能自满的，他们要更上一层楼，这样的人，激情之火永不熄灭。

工作中所有的惊喜都来自于激情。激情并非与生俱来，而是要在培育、点燃当中产生。学会点燃自己的工作激情吧，奇迹就会降临。

第五章 "不遇伯乐露不了手"
——破除清高心态

> 组织工作不是倡导个人英雄主义的地方，任何一项工作任务都要在合作当中完成，精诚合作可以为组织的发展带来难以想象的可能。作为员工切勿清高，要明白自己的砝码，了解自己才行。

了解自己的砝码，认清自己

很多人都有过这样的经历，当自己选定一家企业或是组织时，必须先弄清楚自己进入这组织内部的砝码是什么。

曾几何时，从学校刚刚毕业出来的我们，都希望自己能够找到一家值得奋斗一生的企业或是组织，大展拳脚，做一番轰轰烈烈的事业。现实却不如梦想中的那么丰满，残酷的现实情况让很多初出茅庐的年轻人口中充满了抱怨。大多数情况，他们会认为自己没能进入一家大公司而无法施展自己的才能，想要有所作为就更不容易了，最终他们就在这样的抱怨中碌碌无为一生。

别总是抱怨，真要在一个企业里工作，先要掂量一下自己的分量，换句话说，就是先了解一下自己在这个企业里的地位是什么样的。正确看待自己在企业或是组织里的位置是做好工作的一个重要前提。通常情况下，企业中员工的位置无外乎以下几种情况：

第一种情况：在小公司里工作的人，千万别妄自菲薄，也不要总是"这山望着那山高"。学会劝导自己，任何一个知名企业，都是由小到大，也经历过这样的历程。或许自己现在正在供职的这个公司，有着他人无可比拟的潜力存在，也或许正是在发展的某一个阶段中。对于员工来说，与其去抱怨公司太小，不如好好思考一下，自己在公司的成长过程中，能否随着公司的成长而体现自己的价值，这才是关键所在，别因为总在抱怨对方而让自己失去了最好的发展机会才是。

很多人都在抱怨中失去了自己的机会，总有人会因此抱恨终身。曾经有多少人在知名企业还尚未成名时，就早早地离开了，到最后只能后悔，可惜再也没有后悔药可以吃了。

第二种情况：进了大公司的员工，至少要具备以下两个条件中的一个，要不就是从知名高校里即将毕业的优秀大学生，大公司选择这样的人才，目的在于要从新人开始培养起；要不就是工作能力相当优秀的人才，大公司有了这样的人才就可以立刻上岗使用。客观地评价一下自己，如果都不符合这两个条件，那么大公司不选择自己也就实属正常。为自己做一份客观的评价，知道自己处于什么样的位置，了解一下自己的实力，才能为自己做出合理且正确的选择。

现实地说，大多数人不符合以上提到的两个条件中的任何一个，所以大多数人都无法实现自己的"理想"进入大公司工作。机会既然没有降临在自己的头上，就别一再地勉强自己，眼前的一切才是需要自己珍惜的。不难发现，有很多身边的朋友不经意间已经走到了自己的前面，或是取得了很惊人的成绩。是他们比自己幸运吗，当然不是，很多人是因为认清了自己的位置，找到了最合适发展自己的水土罢了。

第三种情况：这是大多数人的情况，人们会进入一个和自己的能力相配的企业或是组织，并获得一个与自己能力想匹配的职位。

世上不是所有人都有幸进入一家大公司，一般人都进了一家看起来还可以的公司工作，原因很简单，就是因为合适，因为和自己的能力匹配。既然进了这样的公司，就别总是自怨自艾，因为它适合，如果一再地埋怨，就只会让自己和公司的环境越来越不合拍，结果只能是选择离开，而自我得不到任何空间的成长。

第四种情况：进入公司之后，公司的发展十分顺利，而此后公司招募人才的门槛越来越高，这样一来后进的员工看起来总比自己优秀不少。

任何一家公司的员工都要经历大浪淘沙的优胜劣汰过程。最后能留在公司里长期工作的员工必然是在公司的成长过程中表现非常优秀的人。推动公司进步的员工是能够留在公司的成长平台上的人。人们常说"人才吸引人才"，一般在公司起步之后加入公司的员工素质都很高，对于仍在公司里工作的老员工来说，后进员工的进入需要自我调整好心态。后进员工的素质比自己高，这是普通老员工会认识到的一点，那么既然如此，何不如"不待扬鞭自奋蹄"，紧随公司成长的脚步也进一步发展自我。一棵幼芽要钻出地面没有一定时间的努力是不够的，竹子尚且需要在地下长4年才能破土而出，只要长出地面了，也就一年比一年长得快，一年比一年长得高了。孔子说见贤思齐，既然有一个可以让自己争取的目标，何不让自己就此自我激励呢？

以上几种情形都共同说明了一点：作为一名员工，无论在什么样的公司，都要先在公司这杆秤上掂量一下自己的分量，明白自己所处的位置，也好为自己未来增加分量做一份详尽的计划。

直面现实的目的在于不再怨天尤人。成功首先是找清楚自己的定位，为自己寻找一个最适合自己的平台，然后在这个平台上施展自己的才能。

明确自己定位的人，少了牢骚，也就避免了自以为是。真正想好好工作的人，总是说得少做得多，寻常人却总是说的比做的多。对于企业来讲，发展不需要说的比做的多的人，实实在在的发展要的是实干家，每天抱怨的习惯也会阻止自己一步一个脚印地向上攀登的。

发牢骚的结果就是让自己陷入一个与周边环境格格不入的工作环境当中。兴许一开始还有一部分人愿意地听听自己的抱怨，当所有人都开始厌烦自己的牢骚之后，就再没人会愿意静静听自己的那些无谓的牢骚。到最后，自己也会被工作环境所厌倦。对工作不满的人可以辞职，但比起辞职更恐怖的事，就是被工作环境所淘汰和厌倦，那时候的自己就好比是束缚在一个自己不满的环境当中动弹不得。

可见，发牢骚只会让自己陷入被动当中，总去怪罪周边环境的人，是无法主动地掌控自己的工作，还会时不时地去怪罪身边的同事和朋友，还能如何让人喜欢呢？要是察觉到自己有这样的倾向，务必记住去调整自己。

怎么调整呢？第一个要做的应该是如何让自己适应现有的环境，如何把自己的观念转变过来。倘若自己开始不满身边的人和环境，就劝自己赶紧闭上嘴巴，并远离熟悉的听众，好好找找自己是不是在这些过程中失落了什么，改换一种积极正面的态度去看待问题，多向身边的人讨教，多跟值得尊重和学习的人共处，重新塑造一下自己。

有些话是"听起来简单"，但不等于"做起来简单"。

既然自己已经在发牢骚这条路上走了一段，别害怕，就从改变习惯开始，就算是艰难困苦，也要从头再来。

改变发牢骚的习惯，先从心理层面开始。必须明白，发牢骚表面上似乎是在帮自己排遣压力，到头来伤的还是自己。举个例子，就好比是鲁迅笔下的祥林嫂，最初发牢骚时，还会得到一些人的同情，到最后所有人都习惯了她的牢骚后，再也没有人愿意听她的抱怨，结局实在可悲。只有牢骚，不懂得自救是可悲的，遇到了不良的遭遇，要学会自我排遣，学着走出阴霾，头顶阳光。

曾经有这么个故事：

一辆颠簸在公路上拥挤的公交车，司机的一个急刹车，满车的乘客，或踉跄，或跌倒，或撞头，或踩脚，挤在了一块儿。

"怎么开车的！"

"小心点嘛！"

"我刚买的新鞋！"

车里抱怨司机的人越来越多，渐渐地满车的人都在抱怨开了。

只有一个人，坐在最前排的那个乘客始终没有说话，也没有抱怨，因为只有他看到了事情的全部经过，他很清楚刚才究竟发生了什么。全车也只有他一个人感激地看着司机师傅，他知道要不是司机及时刹车话，全车人恐怕都难逃厄运。看清了事实真相的他，知道司机有多不容易，看清事实真相的他，才知道司机的反应有多灵敏，看清事实真相的他，才没有和其他人一样发牢骚。

知道了真相的人就不再有牢骚。牢骚本身的真相是，一切都是无用功，所谓的牢骚不过是让自己更被动罢了。

还有一点，自以为是也会影响潜力的发挥，也就是说，自满情绪会阻碍自己的工作有一丝一毫的进步。一个总是自以为是的人眼里是没有其他人存在的，任何人都没有资格成为他的老师，也没有人值得他去求教，他总是妄自尊大，因此也就失去了向他人学习的可能。在他看来，事情没做成都是他人的错，自己完不成的任务，别人也不可能做到，他给自己找的借口总是如此，久而久之，也就相信事实确实如此。

缺少学习欲望的人是孤独的，因为生活工作中没有榜样，少了方向感的人，没有足够的力量拯救自己。时间一长，这样的人工作失去了动力，也就变得无所事事，身边的领导或是同事也都不愿意相信这种人能胜任有挑战性的工作。他人生剩下的全部时光都只会在碌碌无为中度过了。生活中少了学习可能性的人，最后只会让一个有能力的人落得个"怀才不遇"的惋惜罢了。

可怕的是工作和生活中自以为是的人实在是太多了。

一个电视台的综艺节目中，主持人向嘉宾发问："电梯里大家常常见到的那面镜子有什么用处呢？"

嘉宾们的回答是五花八门——

"用来整理自己的仪容仪表吧！"

"用来看看自己的后面有没有跟进了不怀好意的人。"

"用来扩大视觉空间，增加透气感。"

尽管主持人一再启发，仍旧没有人答出正确答案时，到最后主持人只得自己说出正确答案是什么。原因很简单，主持人说道："坐轮椅的朋友乘坐电梯时，借用镜子的作用，就可以不必费神转身，直接看到楼层的显示灯。"听完这个答案后，嘉宾们都显得很尴尬，甚至其中有一位抱怨道："我们又不是残疾人，怎么想到这一点呢？"

现实生活中，有多少人和现场的那些嘉宾一样，总在海阔天空地思考一些问题，只可惜无论怎么想，思路都是围绕着自己展开，始终从自己的立场出发。自认为自己是正确的人不习惯从他人的角度出发。现在有很多人身上都有这毛病，总觉得自己是正确的，自己有的也都是最好的。他们习惯对其他东西都不以为然，认为无论学历或是资历都比别人要好得多。现实的情况是，他们自以为是，不过是因为自己对手上的工作再熟悉不过了，缺乏挑战的他们总认为自己已经是最好的了。

每个人在某些时候都会犯自以为是的毛病，若在当下不加以节制，自以为是的毛病就像疾病一样缠住自己。正常情况下，缺乏思想深度的人会因为自己取得了一点点小成绩就沾沾自喜，可惜自此以后就再也没有更好的成绩出现，只是躺在从前的功劳簿上扬扬得意罢了。要是周围还有人同情他们的话，他们的"病情"就会更加严重。

这些人还有个毛病就是常常忽略自己思想里的这个怪病，还表现得很是大意。所以每每都有"愤青"的存在，这都是自以为是的错。

自以为是的人就很难进步了，他们认为自己已经走到了优秀的终点，所有发展的可能和潜能再也不可能被挖掘出来，更何况要充分发挥。因此不少人从未开发过自己的潜力，生活和工作都停滞在原点，人生少了不少精彩。

记住，假使有人总在不经意间提到自己是个自以为是的人，那就要注意了，或许是自己的工作态度他人不太满意。最好的办法就是主动积极地确定自己的态度，确定自己所做的一切是否符合上司、所在部门和公司的要求，发现错误就要积极地去改正才对。给自己找到一个老师，就不怕自己不会进步了。别去怪罪那个抱怨过自己的人，他就是那个在无意间点醒自己的人，要是没有他的存在，没准自己已经被公司或是环境淘汰了。

将心比心，换位思考

换一种立场去思考，用一种和平常不一样的思维习惯去思考，也许会有新的体会。生活中，不少人因为无法换位思考而遭遇到苦恼与挫折，思维定式让他们习惯用一种方式去看待问题，却因此陷入了困扰之中。这其中除了心理的伤痕以外，还会有行为上的偏差。自己的逻辑固然不错，但有的时候让自己站在他人的角度思考问题，或许能有变通的可能性，问题也许就不那么复杂了。

中国人常说"立于不败之地"，主要原因在于"同时说出各种可能性"，如此圆滑的态度，让人一时找不到攻击点，无法攻其要害。这种做法的实质就是未思进，先思退。

唐代新罗国（今韩国）圣德王金兴光之第三子无相禅师，于公元728年来唐，安史之乱时随着唐玄宗逃到了蜀，并奉玄宗之命规划、督建了大慈寺，建成96院、1万余尊佛像，大慈寺成为当时蜀中最大的佛寺。

那时有一位云游僧听闻传说，知道了无相禅师禅道高妙，就意图和无相禅师辩论禅法。只可惜到的时候适逢禅师外出，出来接待他的是侍者沙弥。沙弥说道："禅师不在，有什么事情我可以代劳的吗？"

云游僧道："你不行，你年纪太小。"

侍者沙弥道："我虽年龄小，但智能不小！"

云游僧一听，感觉这个沙弥挺有意思，就用自己的手指在空中画了一个小圆圈，再向前一指。沙弥看完，就摊开双手，画了个大圆圈。云游僧再伸出一根指头，沙弥就跟着伸出五根指头。云游僧再伸出三根手指，沙弥就用手在自己的眼睛上比画了一下。

云游僧突然一下子跪了下来顶礼三拜，随后掉头就走掉了。

这是为什么呢？原来云游僧心里是这么想的：我用手在空中画了一个小圆圈，再向前一指，目的是为了问他有多大的胸量，这时小沙弥的摊开双手，画了个大圆圈，也就是回答说我的胸量有大海那么大。接着云游僧又伸出一根指头是想问他自身如何，沙弥又伸出五个指头，表示自己受持五戒。云游僧伸出三指再问他三界如何，沙弥指了指自己的眼睛表示三界就在自己的眼里。一个小沙弥尚且有这么高明的修行，就更别提无量禅师了。想到这儿，云游僧还是掉头走了。

等到无相禅师回来之后，沙弥向禅师说明了云游僧到来的经过，沙弥说道："报告师父，刚才有个云游僧到了寺里，他居然知道弟子俗家是卖饼的，先是用手比个小圆圈说，你卖的饼就这么大一个啊。我听完以后就摊开双手，不可能就那么大，我画了一个大圆圈说应该是这么大。他伸手一指又问，难道是一文钱一个吗？我伸出五个指头告诉他，一个要五文钱呢。他又伸出三指问，三文钱可以吗？我听完以后觉得他说得太离谱了，就比了一下自己的眼睛，告诉他他太不识货了。没想到我这么一做，他就吓得跑掉了！"

无相禅师听完后说道："一切皆法，一切皆禅！你是真的领会了吗？"沙弥没听懂禅师的意思，不知道该怎么回答。

这个故事说明人和人之间的误会很容易就会产生。

误会轻易就会产生，产生的理由各一，但结果都是一样的，都可能会给双方带来痛苦、烦恼和难堪，严重的还会造成人际关系紧张，彼此因此而对立，再有就是人心涣散，降低管理效率，等等。所以作为组织的管理者，要注意如何和员工、客户沟通，尽量避免误会的产生和存在。一个组织如果上下沟通顺畅，上下合力就会迸发出巨大的能量。

爱立信（中国）有限公司总裁杨迈虽不是一个熟知中国文化的管理者，可是他的身上处处都能看到道家"无为"思想和儒家"入世"哲学的痕迹。在工作重，他喜欢顺其自然，而在具体的细节上，他的要求却比任何人都高。

杨迈说："生活中我倒没有什么明确的准则，但还是有一些原则的。我选择工作的条件是要有兴趣，因为我一直认为工作就是享受乐趣，工作就要有突出的表现。我们一定要知道什么是自己该做的，只有这样，才能把工作做得最好。"杨迈选择电信行业作为自己的事业发展，很重要的一点就是因为这个行业能够给他带来很强的激励效果，他无限地热爱这个行业。

毕业于工学院的杨迈，他的专业并不是电信行业，可是他却在毕业后进入了电信行业工作，而且一做就是20多年，一路从销售做到了公司总裁。有媒体在采访他时，他提到自己成功的秘诀时说道："要说非常专业的技术问题，或许我还不如公司的技术人员来得专业，我的研究重点还是集中在技术发展方向上，主要研究行业中各种错综复杂的关系。此外，我还是一个非常好的聆听者。对于我所听到的各种看法，我习惯比较、分析和整合，再由此推出对事物的正确推断，准确把握公司的发展方向。"管理者在他看来必须随时准备聆听，细心思考方向，不断改变自己来让自己适应变化。

大企业在发展过程中沟通比任何事情都来得重要，这是杨迈的观点。企业的管理者要把企业发展的目标告知员工，以求得上下一心。提到沟通，杨迈总是会饶有兴趣地提到一个故事：曾经有两个人，被安排去把两块不规则的石头打磨成方形。其中有一个人接到任务以后不知道自己为什么被安排了这样的工作，也不知道为什么要打磨这块石头，在磨石头的过程中总显得热情不高。另外一个人则因为知道磨石头是为了建造世界上最美的教堂，于是他满怀热情地去对待这项工作。杨迈说之所以自己提到这个故事，只为了说明管理者最先要做的就是激励员工的工作积极性，而如何激励是管理者的智慧体现，因为管理者必须带着整个组织向前行。要做到这一点的前提，就是不能有误会，而实现有效沟通、消除误会的一个重要方法是常常换位思考。

说到换位思考，究其核心主要包括了两个方面：一方面是从对方的需求出发，目的是为了满足对方的需要；另一方面是看到对方的不足，协助对方解决问题。在古典的管理理论中，最典型的代表是以泰罗的科学管理、法约尔的一般管理理论。

泰罗的自身经历很坎坷，最初他是从徒工、普通工人做起，后来当过工长、车间主任和总工程师。他长期在一线的现场从事生产和管理工作，非常熟悉生产和作业的组织问题。从那时起，他就很了解该用什么样的科学方法来改进工作方法、分配方法以及生产组织。应该说，在这方面他做得非常出色，一切要归功于他在一线工作中长期观察以及换位思考的结果。再来说说法约尔和他的"一般管理理论"，他在这个理论当中提出了著名的"经营的六项活动"，和"管理的十四项原则"，以及"管理的五大要素"。他在这些概念当中说到管理者在管理当中必须注意八项有效指挥的工作，第一条就是"对员工要有深入的了解"。除此以外，他的"管理的十四项原则"还提道："原则的应用是一门很难掌握的艺术，它要求智慧、经验、判断和注意尺度。由经验和机智合成的掌握尺度的能力是管理者的主要才能之一。"在法约尔看来，换位思考的首位就是要对员工有所了解，这是管理者践行换位思考的最基础部分，也是对"管理原则"把握的基本表现。

一个组织要持续地发展，依赖管理者提出最佳的发展战略。兼顾社会利益的组织，对内为员工着想，从员工的角度出发才能制定出最有力的战略。说白了，战略就是方向，带领着企业向着正确的方向前进，防止盲目扩张或是随意多元化发展而衰落；对外要为客户着想，不能总是急功近利，这样就不至于做到假冒伪劣，坑蒙拐骗了。另外，不能否认的是站在社会角度进行思考一定逃不开兼顾社会利益这一环节。

管理当中强调要换位思考，尤其表现在说话沟通当中。双方在说话时，对彼此的重点和意愿都十分明确，就会避免节外生枝。否则在不了解对方的基础上，可能听到的只是对方的一部分意图，这无疑是在断章取义，只懂得对方表面的意思，却不明白言外之意，这绝非是沟通的最佳手段和方式。

善于合作，才能露一小手

合作的道理如今很多人都明白，一个人能掌握的资源和信息总是有限，若是能同他人友好地合作，做到 1+1>2 的效果那合作的效力就凸显了。合作实际上就是在利用他人手中的资源，再让他人充分开发自我的能力和资源的过程。既然是要合作，就不能只是低头干事，还要细细地挑选一下身边哪些人更适合自己与他们合作。一味地埋头苦干在当今社会是很难有大作为的，通常是善于借助别人的力量推动自我发展的人，和那些懂得与他人合作的人才会出色地完成任务，而且效率更高。懂得怎么安排自己任务的人往往都是懂得合作的人。

合作是个双赢的方式，自我受益的同时，和自己合作的人也有受益。

有这样一个故事：

一场激烈的战斗过后，一名上尉双腿负伤，一名小战士眼睛负伤，两人都因为受伤而掉队了。上尉是认路的，但他腿受伤了之后行动不便，而小战士行动自如，只可惜眼睛伤了却看不见。最终两人决定合作一次，小战士背着上尉，由小战士走路，上尉负责指路，做小战士的双眼。两天的时间后，两人顺利地赶上了大部队。

另外还有一个故事：

古时候，兄弟两人各带一只行李箱出门。一路上，兄弟两人都被重重的行李箱给压得喘不过气来。他俩只好左手累了换右手，右手累了又换左手，以此反复数次之后还是觉得很累。后来，大哥想到了一个办法，先停了下来在路边买了一根扁担，再把两个重重的行李箱一前一后挂在扁担上。兄弟两个人轮流挑起胆子，反倒是比之前手提要轻松不少。

表面上看，两个故事没太多的联系，但认真去看看就会发现本质上两个故事之间有着惊人的相似，故事当中的小战士和弟弟是那么的幸运，但更幸运的是故事中的上尉和大哥，他们先是帮助了前者，与此同时也帮助自己走出了困境。

在一个组织里，一个人独当一面总有各种各样的困难。为了规避各种风险，组织不会轻易让一个人说了算，必然会选择多人的合作。个人英雄的时代早已经过去了，工业化时代的企业或是组织都必须依靠团队合作发展。

员工和员工的关系如此，在市场上组织和组织的关系也是这样，竞争固然重要，合作比竞争更值得重视。

百事可乐和可口可乐是当今世界两大最著名的饮料生产企业,两家企业之所以这么多年能共存,正是因为双方都认识到快餐和饮料之间协同消费的关系,尽管两家公司的经营方式有所不同。不过,两者的不同也造成了结果的不同,显而易见的是,可口可乐的发展要远远超过了百事可乐。百事可乐的方式是并购快餐业的方式,从快餐行业的经营当中赢利,简单说就是百事可乐投入了相当的人力、物力做起了餐饮;可口可乐的方式有很大的区别,它的方式主要是结盟快餐业的方式,于是在很多著名的餐饮公司里都可以看到可口可乐的踪影,消费者在消费快餐的同时,也在消费着可口可乐。

所以说,合作已是当今社会的一大主题,凡是组织都要考虑合作的问题。

不强调合作,一味我行我素的企业难以适应现代市场竞争。曾经个人电脑市场老大的苹果,一段时间后就被市场冷落的原因就在于它过分地强调一枝独秀。苹果在当时来说总是推行"大无畏的精神",缺少合作意识和资源互补的观念,一切都由自己来完成。尽管个性化的产品曾在某一个时间段里吸引了不少客户,但始终不与国际标准兼容的这一点使它在市场上吃尽了苦头。

个人也是如此,合作关系到了个人的成败。爱迪生是大家都十分熟悉的大发明家,一生中有2000多项发明,平均13天一项。这几项数字几乎让很多人难以相信,一个人的生命和精力总是有限的,这几乎是不可能完成的奇迹。尽管在很多人看来是奇迹,爱迪生却做到了。到底他是怎么做到的呢?这其中的奥秘就是在爱迪生的实验室里,他有三个相当得力的助手:一个是美国人奥特,他是个在机械方面有很高技能和很强特长的人,甚至比爱迪生还要强;第二个是英国人白契勒,虽然他平常总是沉默寡言,但他的脑子里总是在思索一些古怪离奇的问题,常常给爱迪生以极大启发;第三个是瑞士人克鲁西,他最擅长的是绘图,一旦拿到爱迪生的手稿,不论字迹多么潦草,就能快速地画出正式的机械图……

重视自己，才能得到领导青睐

名利双收，这是中国人最常说的一句话，仿佛名和利就像一对连体婴儿一般，永远都联系在一起。

就个人而言，升迁是不是已经达到了"无能级"，还有没有更大的可能去再造自己的潜能呢？自我心理的需求总是和升迁有关，虽然这一切都无法由自己说了算，还是最终取决于上级的考量。现实的情况往往和自己想象的有太大的距离，有时自己不认为自己应该没有升迁的可能性，上级却不这么认为；有时自己认为自己的潜能还有进一步开发的可能性，但上级所看到的却和自己不一样。对于升迁，很多人都总是爱恨交加。在没有给予机会的条件下，谁都不会知道是否能把工作做好，没有尝试过谁都无法认定结果如何。有了机会兴许就可以好好表现，至于潜能，或许真的是要"先潜后现"才行。

现代人爱做梦，尤其是工作上的升迁梦，梦中的内容难免会和"发财"有关。古往今来，很多现实的例子说明了升迁和发财总是联系在一起的，这很难让人不去相信升迁有可能给人们带来名利双收的结果，人们也就乐于去做这样的梦了。

有想法，就希望能够"心想事成"，要达成自己的想法，一般都有以下三个有效途径。

第一，做好自己的本职工作，除此以外还要为上级分忧。

两者要兼顾才行，只做到其中的一部分也是无法达成升迁的目的的。想象把时间都耗费在自己的本职工作上，而无法腾出时间来和自己的上级好好沟通，在上级看来，只会是个为了工作筋疲力尽的人，无力承担更多的责任，这样的人又如何能升迁呢？一天到晚和自己的上级聊天沟通，却没按时按量地完成本职工作的人，只会被周围的同事和朋友视为"马屁精"，这种类型的员工上级也不会欣赏的。

总的来说，做不好工作却总围着上级的人，是典型的小人行径，为君子所不齿。能做好工作却不懂得如何替上司分忧分劳的人，是自绝于升迁的大道，这不能怪上级没看到自己的潜能，是自己的错必须自己承担。

了解了"兼顾"重要性的人，除了能把自己的本职工作做好以外，还会让上级放心、安心，最后演变成"赏识"，另外还能很好地为上级分担忧愁，两方面工作兼顾得很好的人，上级自然会明白这样的员工若是不得到重用就太可惜了，上司在赏识这类员工之余，在不断地交办工作中信任感也在增强。和上级关系越来越亲近，有了晋升的机会，上级自然会优先考虑和推荐这一类员工。

第二，理解上级的意图，并尽力协助上级完成他的计划。

大事小事都向上级请示的下属，会招来上级的不满，上级容易怀疑此类员工是否动过脑子好好想想，要不就是害怕承担责任，要不就是想把责任都推给自己的领导。总之，事情无论大小都请示的下属只会显露出自己的无能，上级看到的是一个不懂得怎样做事的人，处处有问题正因为他的无能，此类员工要获得升迁的机会也很难。

还有另一种人和这类人完全相反，凡事都表现出十足的把握，口口声声"自己负责"的人，上级对他们也不会放心，更别提安心。首先，上级眼里的这类人是目中无人，自视清高的人，这样的人是极容易犯错的；其次，他们喜欢自己做主，根本无视上级的意见，而且他们自认为可以承担一切后果，但在上级看来他们不过是自作主张、肆意妄为，结果仍旧还要上级来承担。所以有能力但爱高调秀自己才能的人，得不到上级的信任。上级似乎表面上看起来很是"妒才"，实际上问题是出在下属的身上，企图"功高震主"，结果只会是死路一条。

"兼顾"的智慧在于让自己表现出自己既有把握，同时又尊重上级意见的状态，也就是说，自己必须在上级许可的范畴内为自己负责。

提示绝非是随意而为之的行为，什么都没想好就去跟上级请示，那无疑是开了自己一个很大的玩笑，上级会认为这样的人欠考虑，甚至不会思考。自己设想好了主意而不请示，那也不行，无视上级的决策权会引起上司的不满和不安。最合适的做法是既动脑筋思考，有了成熟的建议后向领导请示，把自己的想法说出来，为上级提供思考的方向，提供上级判断的素材，并且尊重上级掌握的权力。这样做之后，上级可以在很短的时间内做出正确的决策。一方面保住了上级的面子，另一方面下属执行起来也不至于太难，于双方而言都是很不错的结果。既然如此，那么这类人的升迁机会自然不会少。

第三，在上级面前表现自己是必要的，更必要的是也要让自己的下属表现。

一般人都知道要在自己的上级面前充分发挥自己的才能，却忘了还要给自己的下属留出足够的空间和时间让他们表现。一个劲儿地展现自己，挤压了下属的表现时间和空间，会引起下属的巨大不满。下属们会背地里嘲讽此类行为为"表面功夫"，只为在上级面前卖弄自己，却不知道大家都已经看穿了这种拙劣的伎俩。

两者该如何协调兼顾呢，又要让自己表现，又不挤压下属的时间和空间？如果做得不好，上级会不会因此感觉自己没有其他人能干呢？

这两者之间看起来互为矛盾，但真要兼顾也不是完全不可能。首先，给下属表现机会是必要的，下属因为充分展示了自我而获得了成就感，心理上的满足推动他下一步的工作；其次要保留自己表现的机会，让上级也认可自己的能力，这才有机会再升迁上去。

兼顾先要依赖自己和下属之间的默契，再考虑用区隔的原则。何为区隔原则呢？上级不在场时，尽可能给下属创造机会去表现，自己则作为辅助者、评估者、激励者的角色协助下属表现；当上级在场时，主要是由自己表现，下属则主要表现出高的忠诚度和配合度，全力配合证明主管的能力和魄力，符合"养兵千日，用在一朝"的精神。简单地说，就是在一般情况下，尽量让下属表现自己，这么做能够在工作中增进部属的能力，加强他们的信心；紧急情况出现的时候，就必须刻不容缓，挺身而出，身先士卒，做出有效且有力的决定。

以上所提到的三个要诀，说的主旨就是"兼顾"。上下级之间要兼顾，横向应用之间的运作也要强调兼顾。

小事情，大的影响力

古人云："不积跬步，无以至千里；不积小流，无以成江海"。

任何伟大的起点都要从细微处着手。要成为一个在未来的发展中有胆识的人，就必须牢记一点，先要让自己成为一个有影响力的人。影响力越大，越是可以激励自己前行，越能有所作为地大干一番，与此同时，影响大了也别忽视细节。

要知道，影响力的塑造往往得益于对小事情的拿捏与收放自如。

小事情能铸就大的影响力。工作当中影响力大的员工都是做事相当主动的人，也有很强的决心。再者，他们都是很关注细节的人。仔细观察一下那么多的成功人士,他们从来不忽视自己所做的小事,哪怕是很不值得一提的小事都很在意,为的是塑造、扩大自己的影响力。譬如,他们当中几乎所有人都很重视说话与演讲中的技巧,他们害怕因为一点点小小的失误而造成与他人沟通和交流的技巧。这是普通人不会太过在意的部分,谁都不会特别关注和思考究竟自己每一天都说了什么,用什么方式说等,但凡只有影响力大的人,才会这么做。说话是他们首先锤炼自己个人魅力的部分,日积月累,他们在公众场合的发言就会越来越出色,影响力也就是在这一次又一次的锤炼中慢慢增强,信心也随之增强,信心包含了自信也包含了他人对自己的信心。

或许有人会觉得不可思议,可是事实一再证明,重视小事情,丝毫不马虎,才是为自己营造了一个提升影响力的巨大空间,不知不觉中自己已经成了一个敢作敢为的人。

广东千叶松总裁何爱辉在个人和公司品牌的经营上,时刻不放松对小事的拿捏和处理。

在千叶松公司里,员工们都在津津乐道一件关于何爱辉的故事。千叶松创业初期,何爱辉还亲自骑摩托车送货,某一年的夏天,深圳刮起了七级台风,某个风雨交加的日子,他却和客户约定了要送货到东莞,那个地方离自己的公司骑车有两个半小时的路程。

何爱辉信守诺言,带着货物出发了。天气情况实在是太差了,狂风不时夹杂着阵雨,肆虐着整座城市,在出发前所有人都劝他改天再去,他却坚持说:"我答应了人家就不能食言,这点风雨没关系,我会小心的。"说完,绑上了油漆,穿上雨衣就骑着摩托车出发了。

何爱辉视对客户的承诺看得比自己的性命还重要,宁愿冒死去送货也不愿意食言。大风把他和摩托车吹得东摇西晃,他全身都被淋得又湿又冷,握着车把的手都麻了，他还是坚持到了客户那儿。到了客户那儿之后，他还很细心地换上干爽的皮鞋，为了避免让自己的雨鞋弄湿客户办公室的地板。

何爱辉的举动已经完全感动了他的客户，那一刻客户握着何爱辉冰冷的手，连声说着"谢谢"。

千叶松发展到现在，何爱辉始终对每一个产品的质量都抱有负责到底的信念。他说过："我要做到让客户买我们的产品'零风险'，不管有什么问题，我们100%负责，不会推卸责任，这是'千叶松'成为品牌的保证。"

曾经有一次，何爱辉接到了一个客户的投诉电话，电话里的客户非常气愤，说自己订购了千叶松的白色藤器漆，结果发现颜色不对，工人在还没确认的状态下就匆忙上了漆，结果导致了客户的一整批货品因为颜色问题都被退回，全部5000个藤篮都得返工。何爱辉听完客户的投诉，立刻说："对不起，这是我们的问题，我会尽快再赔20桶油漆给你。"

说实话，这件事冷静下来慢慢考虑就会发现，千叶松尽管送过去的漆颜色与客户的要求有微微的色差，但客户的操作程序本身也存在疏忽。照说这事不能完全由千叶松负责，理应各负一半责任。可是接到投诉电话后的何爱辉却不作任何辩解，把责任完全担在自己和自己的公司身上。

事后，何爱辉把自己如何处理这件事的全过程打印成了公告，贴在了公告栏上，为的是要提醒自己的员工今后做事要谨慎，即便是一点点的疏忽不论自己是全责还是其他的责任，都要积极去承担。负面事情发生了，何爱辉并没有逃避，而是用它来起到一个警示性事件的作用，让员工从中汲取教训，避免下次再重蹈覆辙。处理这件事的做法，就好比他从前说过的一句话一样："犯错没有关系，但犯同样的错就不可原谅。"

对客户负责，对客户真诚，何爱辉用自己的行为为公司的每一个员工提供了一次正面的示范。在他的影响下，在这个事件上负责这批货生产和出厂的领班，都自动提出要接受公司的处分，自愿接受从自己当月的薪水里扣除1/3的奖金。

自此，何爱辉这个名字在涂料行业就是信任感的代名词，人们只要听到他就代表了十足的信任感。任何个人品牌的树立都需要一点点地累积，何爱辉也是如此，他不但铸就了个人品牌，还让自己公司的利润有了提高。

成功需要有影响力的保证，因此想要在工作中成功的人就不得不在其中寻找合适的机会。这里的机会说白了就是一件件小事情，只要重视了，就会为自己所用。可惜的是总有人认为小事无关紧要，不值得为了它们而浪费自己的时间，还总认为是不公平的。到头来，他们才会知道不值得浪费时间实际上是在浪费自己可贵的机会。

只要付出比别人更多的时间和精力，就不会有意外的收获。要相信每一次的付出都可能获得很多，所以每一笔投资对自己都是很划算的。

最后再提醒大家一句，敢想敢干不等于空想蛮干，而是切切实实地在真实世界里的一小步一小步的举动。

对接组织和自己的未来

认同工作的人会在工作中大有作为，毕竟他把工作视作了自己生命中很重要的一部分，为了实现自己的未来，他要对自己的工作和生命负责。认同工作，就把自己的未来和组织的未来进行对接吧，在工作中帮助组织实现目标，同时实现自己的目标。

本质上说，组织的未来和个人的未来也不全然相同，最直接体现在承担结果的主体就有所不同。组织承担结果的主体还是组织本身，与个人无关，而个人未来的好坏却是和个人的职业生涯发展联系在一起的，所以承担主体还是个人。

这并不说明二者就没有联系的可能性。从另一个角度看，组织的未来发展和身处于组织内部的个人发展之间还是有联系的。任何一个组织的发展都要依靠个体的努力来实现，而在组织内部，个人未来的实现也必须依托组织目标的实现来变成现实，个人的发展受到组织影响的程度是很高的，因为组织的经营结果和个人的职业规划之间是互相影响、互相制约的关系：一方面人力资源的作用是在组织内部产生和奏效的，另一方面组织经营成效的好与坏都会影响个人的经济分配和职业成长。

个人与组织的兼顾和平衡往往告诉人们在工作中自己最需要的应该是什么，要做的是什么，如何去实现等问题的合理答案。

这些答案可以为大家描绘出清晰的未来蓝图，无论是经济上的、职业发展上的、家庭生活上的还是个人知识技能上的，都能很清楚地了解自己想要的是什么。当自己知道自己想要的结果时，就可以同组织的未来目标规划联系起来，让自己变成一个有梦想、有作为的人。

梦想是什么？很多人问过自己这样一个问题。没有梦想，那么就没有成功，这是毋庸置疑的。那么有梦想呢？既然有，那就说明自己已经成功了一半，剩下的一半就是如何实现梦想的过程。

有这么一个寓言故事：

一条小毛虫向着太阳升起的方向慢慢爬着。一天，它碰见了一只蝗虫。

蝗虫问它："你要到哪里去？"

小毛虫一边爬着一边回答说："昨晚我做了一个梦，我梦见我站在山顶上看到了山那边美丽的山谷，我太喜欢那幅场景了。于是当我醒来的时候，我打算爬到山顶上去看看那个山谷。"

蝗虫听完以后惊讶地说："你是病糊涂了，还是脑子有问题？那是山顶啊，你一条小毛虫怎么可能爬得上去呢？对你来说，一块小小的石头都是座大山了，何况还是一座山，你疯了吗？"小毛虫并没有把蝗虫的话放在心里，只是一个劲儿地往山顶的方向爬去。

小毛虫继续往前挪动着它小小的躯体。突然间，它又听到了蜣螂的声音："你这是要往哪儿去呢？"

这时候的小毛虫已经开始出汗，它气喘吁吁地说："昨晚我做了一个梦，我梦见自己爬上了山顶，看到了整个世界。于是，我醒来以后要让这个梦变成现实。"蜣螂听完不禁笑道："我这么健壮，都不曾想过要爬上这么高的山，你真是太狂妄了。"小毛虫对蜣螂的嘲笑也不理会，只是埋头前行。

后来，蜘蛛、鼹鼠、青蛙和花朵几乎都劝说小毛虫放弃这个可笑的计划，但小毛虫谁的意见都没有听从，还是坚持向前爬。

最终，小毛虫爬得筋疲力尽，在自己快要坚持不住的时候，它决定停下来休息一下，就用自己仅有的一点力气建成一个休息的小窝——蛹。

结果，小毛虫"死"了。

小毛虫死了以后，山谷里所有的动物都来瞻仰小毛虫的遗体。小毛虫建的那个蛹一时间变成了梦想者的纪念碑。

后来的某一天，动物们再次聚集在这里时发现蛹已经不见了，那绽裂的蛹有一只美丽的蝴蝶飞了出来。

那只美丽的蝴蝶在风中轻舞，慢慢地飞到了山顶上，这时动物们才意识到，小毛虫"重生"了，重生的它终于实现了自己的梦想。

这个美丽的寓言隐藏着一个深刻的人生哲理：人生在世，梦想最为重要。有了梦想就要去努力实现，而在此之前必须付出艰辛的努力。

人无所谓高低，也别妄自菲薄。每个人都是个完整的生命，既然有了生命的存在，就要去铸就生命的辉煌，而这辉煌不属于别人，只属于自己，是自己用双手创造的。

所以人们常说，因为梦想才有作为，成功源自作为。

文学家林语堂说过："梦想无论怎样模糊，总潜伏在我们心底，使我们的心境永远得不到宁静，直到这些梦想成为事实为止。"若是对梦想"视而不见"的人就是在折磨自己。因此，想想自己要什么，无疑是在鞭策自己的做法。优秀的人主动了解自己需要做什么，而非被动等待他人的提醒，他们擅长为自己规划，并全力以赴地去完成。有一点需要注意的是，自己的梦想如果放在组织平台上直接或间接地实现，那将是最好的对接结果，个人有了组织的平台那必是最好的互动支持。

展现自己，脱颖而出

沟通在管理当中，有时候不总应该是含蓄和内敛的，有时候敢言和直谏的精神也是一种很不错的沟通方式。也许不少人认为这种方式太过直接，可是这种方式确实在某种程度上会起到作用。事实上，这种精神在管理沟通中，用最直接的方式展现和肯定自己，很容易就可以达到沟通和成功的目的。

战国时期，秦国在攻打赵国时没花费几天的时间就团团围住了赵国的国都邯郸。被围城的赵王一面命令自己的将士坚守城池，一面派遣平原君去楚国请求救援。平原君此行几乎关系到了赵国的生死存亡，他感觉自己肩上的任务实在太重了，于是决定从自己数千名的门客中挑选二十名文武双全的门客同自己一起前往楚国请求救援，并讨论合纵抗秦之策。

平原君门下有一位门客，已经拜在平原君门下三年了始终没有什么动作，一直找不到施展自己才能的机会。平原君此行前往楚国，欲在自己的门客当中挑选最适合的人选，但挑来挑去，选了又选，只凑够了十九人，还有一个人选怎么都没有合适的。只见毛遂主动站出来说："我自愿追随平原君前往楚国，哪怕只是凑个数！"

平原君看了看，发现是自己平常未曾注意到的毛遂，一开始他并不看好他，只好婉拒毛遂说："你拜在我门下已经三年了，从未听你做过什么，也没人说过你有什么过人之处。但凡一个有才能的人都好比是锥子放在口袋里一样，锥尖无论如何都会显露出来，人们就会因此而发现他的才能所在。可是你三年来一直都未曾露出你的本事，如何让我信服呢？我又怎么可能带着你去楚国完成如此大的一个使命呢？"

毛遂听完并不生气，他心平气和地跟平原君解释道："您说的话有一定的道理，但也不全对。我和其他人不一样，没能像锥子一样从自己的口袋里露出自己的锥尖，是因为我从来没有被人装进口袋过。要是有人可以早点把我放在口袋里，我这个锥子或许很快就可以露出我的锥尖了。我敢说，要是我有那样的机会，我应该不止有锥尖露出口袋，整个锥子都像麦穗子一样全部露出来。"

毛遂的一番话让平原君感觉这个人确实气度不凡，话说得也很中肯，很有道理，随后答应毛遂作为自己的随从，连夜赶往楚国。

到楚国时已是凌晨时分，平原君不愿意浪费时间立即带着自己的门客去觐见楚王，为的是尽快要和楚王商量出兵救赵的事宜。只不过平原君的这次觐见似乎一开始就很不顺利，从一早谈到了中午都没有太大的进展。平原君心里非常着急，他的那些门客们自然也是心急如焚，一个个在台下跺脚、摇头或埋怨，却没有什么实质性的作用。只有毛遂的心里很清楚若是这么纠缠下去只会浪费最佳时机。既然时间不等人，毛遂决定开始行动。只见他突然提剑，大踏步跨到台上，在盛气凌人的楚王面前丝毫没有怯意。毛遂两眼逼视楚王，在台上慷慨陈词，申明大义，不但谈到了两国间的关系，还向楚王表明了楚国救援赵国的意义何在，可谓是晓之以理，动之以情。凛然正气的毛遂一下子让楚王惊叹佩服，毛遂的分析也深深震撼了楚王的心。楚王终于被毛遂说服了，当日下午就与平原君缔结了盟约。不久，楚王就派兵支援赵国，帮赵国击退了秦国军队。

事后，平原君深感愧疚地说："毛遂果然是个人才啊！他有三寸不烂之舌，他的口才可抵万军啊，此前我居然没有发现身边有这样的人才，这回要不是毛先

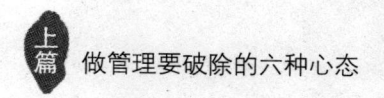

生挺身而出，我可能从此就不知道毛先生的才能了。"

　　这就是著名的毛遂自荐的故事，别总是被动地等待，有的时候主动推荐和展示自己，才是脱颖而出的机会。但凡有才干的人，不妨给自己一个机会，做出自己应有的贡献。在适当的时候展示自己，肯定是最有效地与他人沟通的方法。

第六章 "不求有功但求无过"
——破除守摊心态

古话说得好"在其位谋其职",说的便是工作中一定要有所为,实干才是身在其位最重要的一种精神。只可惜很多人总认为忙碌让自己疲惫不堪,没有太优秀的业绩却始终没有提升自己的作为,管理者要破除这类观念,员工会真正明白自我学习才能有所为。

没有作为,就没有未来

实干精神是做好工作的基础。实干精神最基本的就是要做事,做事是实干的最初要求。想做事是有所作为的主要表现,而做事的前提是要认识自我,了解工作。

工作太累,工作太难,太压抑,让很多人无法正确地面对工作,合理地评价工作,总之在工作面前,有不少人都无法正确认识它的实质,并因此逃避工作中的问题。逃避问题本身并不可怕，逃避成长才是最可怕的。

评价工作，评价自我，需要用一种并不好高骛远的心态，不妄自菲薄的姿态去进行。急功近利和怨天尤人都不是正确的态度。

客观评价自我还需要认识工作实质。工作通常占去了人生的大半时间，这么长的时间，不但关系了自己一生的理想、目标、荣誉、成就和价值，甚至和自己的财富、地位、名声、收入、房子、假期等有非常大的联系。花费了大半人生的工作，如何能和人生的幸福无关呢。照这么说，工作显然是决定人生幸福的头等大事之一。

只不过能够准确评价自我，并从职场当中脱颖而出的人实在不多。大部分的普通人是无法在工作中功成名就的。在普通人的印象中，工作是一个谋生的手段，和其他手段没太大区别，更何况有很多人把工作视为无奈之举，一生碌碌无为混到退休。这些无所为的人生看起来实在没有价值，那究竟为什么会如此呢？

同样是工作，为何有些人总是热情万丈，喜欢迎接挑战，另外一部分人却总是在应付差事，逃避自己的责任，或是把责任推给其他人？如此大的差距是由什么造成的？

要回答这个问题，首先要搞清楚，工作的实质是什么？

工作的本质就是解决问题，它需要的是能够有所为的人！

松下集团的总裁松下幸之助说过："工作就是不断发现问题、分析问题，最终解决问题的一个过程——晋升之门将永远为那些随时解决问题的人敞开着。"可见工作的实质就是要把问题解决好，这需要工作中的人能够主动行动。有些人认为，工作不过是完成任务，自己照着领导所说的去做就好了，不需要自己去思考任何问题。事实却并非如此，由于工作实质的存在，缺乏能力、经验、智慧、干劲等的员工是无法领会工作的真谛的，他们也不可能真诚地去面对工作，克服困难，解决那些妨碍自己实现目标的问题。

领悟不到工作真谛的人往往都是在应付工作，他们要不然就是把个人问题视为工作问题，要不然就是夸大或忽略工作中的问题，总之，他们不会有所为地去解决问题。处于应付的姿态去面对工作，仿佛工作中的问题是始终存在，总是层出不穷，困难也是接踵而至。只不过当遇到困难时，普通人通常都会习惯性地认为解决问题的人应该是上级或是老板，而不是自己。自己要做的就是躲过这些问题，避免犯错误就好。不犯错误，上级或是老板就不会怪罪自己，自己也不会因此被解雇。但是现实告诉我们，不论是工作还是人生，成功和失败的根本区别就在于能否勇敢地面对问题和解决问题。成功者能够闯过一个又一个的难关通往胜利，而失败者只会像驼鸟一样把头钻进沙子里，对问题视而不见，只想着如何推脱责任，让别人去解决问题。

一个工作高效且工作有成效的人，很多人称之为走向成功的幸运儿。可是，他们没看到这些人都习惯去解决问题，从不回避问题，也不惧怕困难。善于思考的他们，习惯于透过现象看本质，再从中找出最合适、最有效地解决问题的办法。所以，他们常常能克服别人所克服不了的困难，解决别人解决不了的问题。

工作中难免出现各种问题，这和人生中难免出现各种麻烦是一样的意思。因此，对任何一个组织来说，员工能否直面工作中出现的问题，能否有热情去解决工作中的问题，都是组织消除障碍的一个重要途径。至少到现在，这世上没有任何一个人敢说自己在工作中完全没有困难和问题存在。

解决问题，不能逃避或是推脱，这都不是解决问题的好办法。有了问题，就怪罪自己的上级不够开明，怪各种条件和环境不够周全，怪同事不够配合，本身这些怨气就不是面对问题的正确心态，何况还要解决问题，更是没有任何好处。只有愚昧的人才会成天抱怨，问题不但没得到解决，却总是越来越严重，明智的人绝不会这么干，他们会先找到问题的关键点是什么，了解失败的原因，积极改进。

真正想干事的人，能够在工作中认识自我，人事工作，有作为，为自己和企业排解问题。在工作中要成就自己的梦想和抱负，就必须从实实在在地做事开始。

拒绝不作为的最好办法就是给自己找点活好好干干。

不作为的表现是什么，什么样的人才是有所作为的人呢？其实两者的区分非常明显。可惜的是有些人却常常处在不作为的状态中全然不知，甚至有些人还不以为然。因为他们总在抱怨公司不好，环境不好，同事不好等妨碍了自己的成长，殊不知，实际上这不好那不好的状态是自己给自己的，而不是别人强迫给自己的。

来看看一则《圣经》里关于"赚钱"的经典故事：

主人要出远门，总害怕有人会来家里偷走自己的金块。于是，他把自己的3个仆人都叫过来，把自己的金块分成三份分给这3个仆人，一份是1块，一份是3块，一份是5块。等到主人回家以后，3个仆人再把自己保管的那份金块还给主人。

到主人回来的时候，第一个仆人交还了1块金子。他怕金子被人偷走，就在主人走了之后里三层外三层地包得严严实实的，埋在一棵大树下面，金子一定是完好无损，不过还只是1块而已。

第二个仆人交还了5块金子。因为他把金子存进了银行，赚了两块金子的利息，加上本金的3块，最后一共有5块。

第三个仆人交了10块金子。他拿到了主人的5块金子以后就换成了钱做了生意，结果赚了大钱，赚来的钱又可以多买5块金子，于是5块金子就变成了10块金子了。

想想不管谁是这个主人，应该最喜欢的就是第三个仆人吧，只有他让自己的财富翻了一番。第三个仆人代表了一类人，他善于思考，也善于动用自己手中已有的资源去做点实实在在的事情赚得更多的财富。他的做法不像第一个仆人那样总是固守着自己的财富，结果一点都没有增长，也和第二个仆人保守的储蓄方法不同，他的做法更具挑战性和创造性，尽管有一定的风险，但它可能给第三个仆人换来更高的回报以及主人的赏识。同样地，第一个和第二个仆人的做法也同样给了大家一定的启示：害怕风险而因此缩首缩脚，实在不是主动有所为的人的行事风格，缺少主动出击的念头结果只会是一事无成，或收获不多。

　　1块金子、5块金子和10块金子，这就是无作为和有作为之间最具体的区别了。

　　对于员工来说，有作为意味着一切都会有，不作为就等于结果是一无所有。

　　一个追求生命质量的人绝对不允许自己在工作中是毫无作为的，不作为对他们来说就是犯错，就是对人生的不负责任。因此，在他们的思想意识里，工作必须做出一番成绩来，否则就愧对自己。

　　现实当中，有两类人最经常出现不作为的情况：一类是爱偷懒的人。他们做事都爱随大流，特别是利益不明的时候，或者是即使有利益，也不是现实利益的情况下，他们往往会失去积极性。因为获取这些利益对他们来说是要依靠长期的努力和不懈的挑战才能实现，仿佛那利益看起来是遥遥无期，这难怪他们犯懒不愿意去做了。还有另一类人，工作中的他们总是害怕承担各种责任，所以选择了不作为。做不好工作他们总是觉得会丢面子，要承担责任，为了明哲保身，于是放弃了有作为。于是，现在有些身居要职的人，也因此在工作中不作为，但很多管理者看来"不作为就是犯错"。不作为是一种消极的态度，既然想要工作，就用主动积极的心态去为自己和组织做点什么，不能总想着偷懒或是害怕承担责任，而最终无所作为。

作为自然人的存在，人生在世谁都有衣食住行各方面的基本需求。人们之所以工作，首先考虑的是保障自己的生活，满足自己的需求，为了生活得更好，房子更大，吃得健康，自己的生活更有保障，谁都有权利这么想，不是吗？

是谁阻碍了自己有所作为呢？

事实上，除了自己就别无他人了，自己就是阻碍自己有所为的最根本原因。没有什么人能够阻挡自己前行，自己对自己的束缚才是最可怕的。

有些人心里总有些奇怪的想法，他们会问自己为什么总要工作，回答是需要吃饭生活，只能工作赚钱。有如此想法的人工作时总显得特别的僵硬，不求闻达，工作自然也就没有什么像样的业绩了，权当是做一天和尚撞一天钟，日子不但乏味，生活水平也难以满足自己的要求。另外一部分人，刚刚开始工作的时候信心十足，热情满满，渐渐地感觉工作索然无味，这就是俗称的"职场亚健康"状态。工作仍旧工作，只是状态已经不对，工作得很痛苦，只能依靠自我麻痹和宽慰自己来坚持下去。在他们眼里，自己既然不是组织的管理者，更不是老板，自己做得越多就越吃亏。这类员工通常被认为是"牙膏式"的员工，每天上班都是按部就班，缺乏想象力和创造力，像牙膏一样，老板挤一下，他们才出来一点。他们只是机械地完成任务，没有创造性地和自动自发地工作。工作中的他们没有主动，只有被动，死气沉沉的他们在业绩上也没有进展。这样一来，他们最终伤害的不是组织，而是他们自己。看似是组织在占他们的便宜，实际上这种不好的心态最终毁了的是他们的生活。

看到这儿，就请先问问自己是不是曾经思考过以上的那些问题。如果没思考过的话，那么可以很荣幸地告诉自己，自己确实是有个有作为的人，未来的生活会更充实和美好。如果有也不可怕，既然自己曾经走过一点弯路，那么现在就应该知道别再无所作为，要好好地为自己的未来规划一下。

哪一天当自己发现自己在工作中重新激发出热情的时候，就说明自己已经成

147

为了一个有作为的人,而且正朝着有更大作为的方向迈进了。要做到这一点,先让自己每天早上起床时,喊上这么一句:"拒绝让自己成为自己成功的阻碍",多喊几遍,这件事就不那么困难了。或许刚开始自己还有感到一些胆怯,有了几次经验之后,就会轻松很多的,请相信自己。

自信地喊出"拒绝让自己成为自己成功的障碍"吧,从此以后,有作为的生命会绽放不一样的光彩。

以实际行动破除守摊心态

古人有句话说得好:"临渊羡鱼,不如退而结网。"这句话简单说起来的意思就是与其动心,不如行动起来。

是选择心动还是行动,这看起来很是简单的选择,却成了平庸者和成功者之间的最大差距。心动对很多人来说并不困难,要心动也不困难,难的是要在心动以后有所行动。一个只心动却不能付诸行动的人,如何能做好工作,更谈不上梦想成真、成就事业呢?

行动和心动不同,光靠想和说是没有执行力的,必须采取实实在在的行动才行。任何一个优秀的想法与计划,没有实际的行动就等于是空想。只说不做或是只想不做,目标要达成是完全不可能的。

一个著名的寓言故事说的是关于一头狗熊和一只兔子,在冬天到来的时候难以寻觅到食物时，各自对将要到来的冬天做了自己的规划和打算。

　　快到冬天的一个傍晚，一只已经饿得有气无力的狗熊和一只无精打采的兔子相遇了，它们都在冰冷的雪地上寻找过冬的食物。它们此前已经很多天没有吃东西了，饿得头昏眼花，正因为如此，只好在如此寒冷的天气里出来寻找食物。可是它们俩找了一圈又一圈，到处都是白茫茫的一片，哪里还有可以吃的啊？

　　狗熊和兔子找不到吃的，感觉自然是又冷又饿，这个时候，饥肠辘辘的狗熊突然对兔子说："我们不能再这么下去了，等这个冬天过了以后，我先种一块玉米地，秋天到了我就会收获很多玉米。到明年冬天，我就把我种的玉米储藏在山洞里，留着冬天时再吃，就不至于像现在这样饿肚子了。"

　　兔子听完以后垂头丧气地附和着发表感慨说："我也是这么想的，冬天不能再这么过了。等春天到了，我也要种一块胡萝卜地，秋收后就把这些胡萝卜藏在地窖里，明年冬天没食物可以吃的时候我就可以把这些胡萝卜拿出来吃，就也不至于像现在这样到处找吃的，还遍寻不得。"

　　可是到了第二年冬天，狗熊和兔子再度相遇，还在同一个地方。而且这个时候的它们看起来和前一年似乎没有发生太大的变化，依旧是饿得饥肠辘辘。狗熊的洞里依旧没有玉米，兔子窝里也同样没有胡萝卜，否则它们不可能在去年的同一个地方相遇，这是因为它们还是不得不出来觅食。只不过这一次狗熊不再提种玉米的事，兔子也不再提种胡萝卜的事，见面的时候也仅仅苦笑了一下，就再度四处寻食去了。

　　为何它们再度在冬天缺少食物，却没按照原来的想法去种地呢？原来到了春天，狗熊有了蜂蜜吃，就把种玉米的事情忘得一干二净了，兔子尽管还记得要种胡萝卜，但是到了夏天，因为天热，兔子又懒得去给胡萝卜浇水，结果就是春天种下的胡萝卜苗全部旱死了。

149

现实当中，像狗熊或是兔子一样的人并不少见。所谓像狗熊一般的人，通常是把工作挂在嘴上，却从未有实践活动，到头来自然什么收获都没有，如兔子一样的人，指的是那些虽然行动了，却不能坚持下去，原本的想法和计划都会随之落空。

寓言故事不长，也不难理解，却道出了一个很深的道理：光说不做一切都实现不了，光想不做也是如此。想了，说了，就必须立刻落实为行动才是取得成功的基础。有了合理的想法，就别总停留在想的阶段，要适当的付出，并彻底地执行下去，成功才会和自己招手。究竟要如何把所说所想落实到实处呢？

第一，光说不做是不会有行之有效的执行力的。

行动与否是决定一个人能否成功的关键所在，应该说，行动就等于成功了一半，没有行动就注定没有结果，当然也谈不上成功。

在一次成功学的讲座上，正在主持讲座的成功学家对在场的学员说："想成功的人请举手！"

在场的学员们都齐刷刷地举起了手。

这时成功学家又问道："有谁想成为顶尖人物呢？请举手。"

学员们又一次齐刷刷地举起了手。

成功学家继续问："现在在场的人有人已经是顶尖级的人物了吗？"

这一次只有极少的一部分人举起了手。

这个时候成功学家笑了笑，幽默地问大家："那你们是从什么时候想要成功的呢？"

听到这个问题以后的在场学员几乎是异口同声地回答："我们已经想了一辈子了。"

成功学家追问道："那为什么成功的人还那么少呢？"

问到这个问题的时候,只有一小部分人很小声地说道:"不过是想想罢了。"

"或许这就是你们没有成功的最根本原因。"成功学家说,"成功的想法你们人人都有,只可惜能真正去做的人只有很少的一部分,也就是刚才举手认为自己成功的那些人,大多数人都只是想而不去做,那又怎么能成功呢?成功又怎么会亲自找上门来呢?"

有一位只有小学文化的青年和一位满腹经纶的教授成为了近邻。两个比邻住着的人无论是年龄、性格还是学识都有着天壤之别,可是最后却成了交情甚好的忘年交。一切都只因为两人的愿望是相同的,都希望自己有一天能尽快富裕起来。

教授每天喜欢一边喝茶一边躺在椅子上摇头晃脑、高谈阔论他的致富理论,每当这个时候,那个年轻人就坐在一旁虔诚地听教授说的话,还时不时地给教授倒茶续水。由于自己很佩服教授的才学和智慧,因此不论教授说什么他都照做。

几年以后,辛勤劳动的年轻人成了一位百万富翁,而他的那位邻居教授还同从前一样坐在椅子上谈论他的致富理论,一点没变。

缺少行动,即便是再好的想法和创意,都不会有结果,正像上面提到的那个教授一样,尽管他有一套完善的致富理论,但缺乏行动的他只能停留在原点。俗话说,光说不练假把式。别总是说说而已,做才是最重要的。

做事缺乏有效的行动力,这是很多人在工作中常犯的毛病,这也是他们长期无法成功的一个不可忽视的原因所在,只因为他们只想、只说不做。

有些事情说一千遍,想一千遍还不如一次实实在在的行动。

克雷洛夫说过:"现实是此岸,理想是彼岸,中间隔着湍急的河流,行动则是架在川上的桥梁。"

结果的产生最终还是要依靠行动,只有行动才能保证成功的到来。无论多么伟大的目标或是计划，都最终要落到行动中去。

拿破仑有一句很经典的话，说的是："想得好是聪明，计划得好更聪明，做得好是最聪明又最好。"

拿破仑的话已经很清楚地说出凡事只说不做，执行力永远都会是零。做什么事情一旦决定了，遭遇什么样的困难和挫折都要坚定走下去。现在做，马上就去做，这是所有成功人士必备的品格。

第二，下定决心就去做吧。

执行力的意义就在于把想法变成实际的行动，再由行动产生结果。有些人的执行力较弱的缘故就是只有想法，没有行动。

想象力和思考能力是一个执行者身上必备的两种重要能力。执行力如果只有这两种能力还算不上个优秀的执行者，停留在想象和思考的层面，没有真正的行动从执行力的角度说也不能算成功。

比尔·盖茨曾说过这么一句话："有了好的想法，就马上去做！只有立即付诸行动，才会取得成功。"

曾在微软就职的唐骏在刚进入公司的时候不过是个很普通的软件开发工程师。后来回忆起那段经历时，唐骏说过："微软最初开发 Windows 操作系统时，先是有一个 1000 多人的团队参与开发英文版，再由国际部的人开发了中文版、德文版、意大利文版、日文版等。这样一来，中文版出来的时候已经是在英文版上市有 6 个月或 9 个月之后了。这就是为什么中文版的 Win95 要比英文版晚上市那么长时间了，另外 Win3.1 系统更是晚了一年半的时间。"

这种传统的微软系统开发模式让唐骏感觉到了很多弊端存在。唐骏在想，如果可以各种语言的版本同时开发，或是统一成一个版本的话，无疑推上市的效果要好得多了。不过这个想法也就意味着要把 Windows 的所有内核变成统一版本，省去了多次开发的麻烦。

其实不止唐骏一个人有这种想法，其他的微软程序员也这么想过，他们知道Windows操作系统要是不能尽早实现多语言的兼容，总有一天会显示出市场的弊端。他们这么想过，也曾经打算把Windows多语言版本变成一个统一的版本，把Windows的所有内核变成统一版本。只不过大多数人不是一开始就放弃，就是没有坚持下去，所以他们想过却始终没有人能付诸实践，最后还是只有唐骏改变了传统的模式。

唐骏说："有了这个想法之后，我就把自己的所有业务时间都投在了这个想法当中。我先是把Wins3.3的模块分成是三块，再找出各个模块的典型，在技术上先实现了统一版本的模式。我的意思是在这种技术层面上就可以实现中文版、德文版、日文版多种语言版本的统一。既然可以实现这三种版本的统一，那么其他语言的版本要统一起来也不会不可能吧，至少那个时候我是这么想的，于是我决定继续这么做下去，于是我就把这个模式命名为'唐氏开发模式'。"

唐骏后来自己回忆也说："有了初步的成功后，我就和我的上级提及了这个模式。上级听完了以后感觉我的提议很有想法，但是他始终没有采纳。就此我专门给上级的上级写信，结果信件也是石沉大海。再后来，我又给副总裁写信，还是没结果。如果换成其他人，绝对是先放弃了，但当时的我没有放弃。无奈之下我只好给盖茨写信，写了不止一封的信，最后还是感动了盖茨，采纳了我的方案。"

从2000年以后，微软公司的Windows版本都采用了统一内核，多语言版本同时开发的模式，"唐氏开发模式"正式应用到了Wins操作系统的开发当中去了。这个开发模式大大提高了微软操作系统的开发效率和推广速度。应该说，"唐氏开发模式"充分奠定了唐骏成为微软高管的基础。

唐骏的事例说明心动不如行动，选择行动的人永远都会比选择心动的人更容易受到机遇与成功的垂青。

常常有人说这样的话："我当时真应该那么做，可惜我没有那么做。""如果当时我要是做的话，我就不至于如此了。"早知如此何必当初，不做就是不做，确实不会有业绩产生。

当自己有了一个好的想法，倘若没有及时采取行动就不会有令人满意的结果，要是彻底没有行动的话就绝对没有结果可言。行动是结果的前提，成功开始于想法，行动去吧，别总是停留在心动，而要实实在在地行动。

化被动为主动

职场上总有两类截然不同的人，一类人在工作中永远都是如鱼得水，事事顺利，另一类人则是做什么事都不顺利，还成天怨声连连。为什么会有如此大的区别呢？

造成两类人有如此大的区别的主要原因是，前者通常都表现出相对主动的姿态去面对自己的工作，他们勇于为自己所作的努力承担责任。相比之下，后者就是上文提到的那种"算盘珠子"似的人，总是很被动地对待工作，但凡没有人提醒，就不会主动去思考自己的工作和所碰到的问题。

主动请缨做事的员工总是能够为自己的组织排除万难，为组织创造卓越的业绩。因此，他们都是优秀的员工。而那些必须依靠组织的规章制度去约束和督促才可能把事情做好的人，和前面提到的那一类人差别太大。

无论哪一个组织的管理者都不会青睐后一种员工，因为自己的组织不需要那些总找借口不做事的人。那么作为一名员工，势必要好好主动为自己创造机会。

第一，主动出击。

比尔·盖茨对好员工的评价是："一个好员工，应该是一个积极主动去做事，积极主动去提高自身技能的人。这样的员工，不必依靠管理手段去触发他的主观能动性。"

只不过在任何组织当中，都有员工总是需要上级吩咐了才做事情，如果没有吩咐就始终不够主动。这样的员工主观能动性差，工作做不好的人很难获得上级的认同。

在组织内部，光光依靠专业技能和竞争力是无法让自己立足的，更重要的是主动性，采取直接主动的方式才能让上级看到自己的主动性。做事主动的人，不管是清洁工还是高级管理层，都可以把工作完成得很好。

优秀员工必然是主动寻找工作机会的人，把任何事情都做得圆满的人是老板所倚重的员工。

第二，善待主动工作的人。

职场中，每个人对主动工作的理解都不尽相同，自然结果也就不同。对于管理者来说，善待自己手下最主动工作的员工是一种管理智慧的表现。只要这些人在不破坏组织的各种管理秩序的前提下，充分发挥自己的主观能动性，就可以给他们适当的空间去让他们为组织创造更多的财富。

有了凡事主动执行的习惯之后，就可以从众人中脱颖而出，并得到管理者赏识。

管理者之所以很赏识主动工作的人，是因为积极工作的人往往身上有很强的执行力。哪怕是一些看起来很难以完成的事情，对他们来说都不算是难事。

积极进取收获成功

自己的人生掌握在自己手上，积极进取的人才能真正把握自己的人生。他们手中握着自己生命的主动权，积极地控制自己的行动和思想，朝着有利的方向发展。积极进取的人，喜欢就工作问题与他人交流自己的想法和意见，会去主动承担具有挑战性的工作；他们从自己的长处出发，知道擅长做什么，喜欢做什么，再根据自己的能力特点来选择自己本性和发展目标的职场环境。他们有很强的自信心，也知道如何激励自己，主动发挥自己的特长，争取每一个表现自己的机会。

人人都有尚未挖掘的潜能，主要是如何挖掘，积极主动进取的人更容易发现挖掘自己的潜能，什么时间该做什么事他们心里最清楚。

问题就在于认识到这个事实的人实在不多，没认清事实的人总感觉自己是在为他人打工，做出的业绩都是为他人作嫁衣，这真是大错特错了。为什么说这是错的呢？固然一个人为组织或是企业工作，薪酬由组织发放，工作任务由上级交代，并由此评价自己的工作绩效，但这其中最重要的一点是这工作该如何做的决定权还是在自己手上。一个人的一生也许会从事多种职业或是换很多个岗位，如果自己不掌握主动权，就会一次次和成功失之交臂，却不知道该如何去改变现状，只得看着成功离自己越来越远。

上篇 做管理要破除的六种心态

一位伟大的中国女人潘慰,把源自日本的味千拉面带到了中国,并在中国做出了名堂。

潘慰在做味千拉面之前是做食品贸易的,10年的时间她走南闯北,单枪匹马下到各地农村购买土特产、粮油和海产品。这其中的辛苦只有她自己一个人知道,但偶然的一次机会,她吃到了味千拉面,她感觉自己一下子看到了成功的希望,因为直觉告诉她,只要她主动去做,这一次一定会成功。

在味千拉面上海淮海路店里,厨房是透明的玻璃厨房,工业化的煮面过程犹如一条生产线,顾客可以很清楚地看到味千拉面每一碗的制作过程:成箱的拉面从中心厨房送来,每箱里有若干包,每包一碗。每口大锅里都放着6个笊篱,拉面放进去后有规定的烹煮时间,到了时间,笊篱就自动浮出水面。这个时候师傅再把面倒入碗里,再盛上统一配送的原料勾兑的骨头汤,熟练地在面上撒上按照比例配好的各种配菜,一碗香喷喷的味千拉面就完成了,全部过程只要3分钟。

现在已经身为味千中国控股有限公司的创始人、主席兼行政总监的潘慰每每提到自己的品牌时,总会很骄傲地说:"我们全国全部门店里的100个菜品,每一碗面条,每一份小料的分量、口味几乎都是一模一样的。"

靠一碗拉面的生意居然已经创造了90亿元人民币的收益,这个数字让很多人都感到十分惊讶。如今味千拉面在潘慰的带领下已经成功登录港股,从而打破了餐饮业不易上市的僵局。

10年了,潘慰用自己的行动说明了一个主动积极进取的人,知道把握人生的重要性是什么。

积极进取,有实干精神的人凝聚在一起,就会构成一种力量,这力量足以帮助人们克服所有的困难。在危机来临时,绝不能被动地等、靠、要,主动才能闯出一片新的局面,当工作有了困难和瓶颈时,无力呻吟是无济于事的,凡是希望

157

都必须寄托在"雨后自然见彩虹"的思维惯性当中，就会有所作为。所以，实干精神是对所有人的基本要求。在这个机会大于挑战的时代，实干精神足以让自己面对各类挑战，把握每一次机会，否则一旦错过机会就会追悔莫及。

请注意，那些有实干精神和实干特质的人，都是主动积极进取的典范。他们每天在追求超越的不是别人，而是自己。主动思考对于他们来说，是自己身上不可或缺的一个特质。

热情高涨，积极进取，是渴望成为出类拔萃的人的特征，这样的心态会帮助自己走向更大的成功，使自己成为他人尊敬和敬佩的人。和有实干精神的人在一起，或者是向实干精神的人看齐，就容易产生灵感，受其启发而得到有益的帮助。

不学习，摊位都守不住

优秀员工的成长过程免不了学习，学习是成长中唯一关键的途径。学习让人从不懂到懂，最后成长为专业能手，总的来说，这是一个经过不断学习实践的过程。不擅学习的人在竞争当中容易处于下风，优秀的员工是会时常提醒自己"学习、学习、再学习"的。员工在实际工作中所发现的新思路、新方法都是建立在勤奋和好学的基础上的，通过学习来提高自己的员工才是优秀的员工。

通用电气公司首席教育官、发展管理学院院长鲍勃·科卡伦写过一篇关于培养经理人的文章《我们如何培养经理人》，他在文中提到："在 GE 内部，不管你来自哪个大学，哈佛或是其他一些不起眼的学校，这都不重要，只要进入了公司你现在的表现比你过去的所有经历都更重要。"

"当自己重新开始一项新的工作的时候，不管做得如何，要是做得不好也没关系，至少知道自己是在学习的过程中，总有一天能做好。人们总希望自己能够比自己所期望的表现更好，能够有出色的表现。只不过期望值通常不可能一成不变，时间和空间的变化都会给期望值带来变化。停止学习的话，表现就难以进步，而与此同时，期望值却随着时间和竞争的关系不断上升。要是再不学习的话，自己就可能会被淘汰。可惜的是在一个组织中，管理者对员工的期望值也在不断地上升，要是这个时候停止学习的话，结果可想而知。"

"停止了学习，就个人而言，就好比是水在涨，自己却站在那里什么都不学，不会游泳的自己很快就会被淹死。这于公于私都没有任何好处。"

当今社会，知识有两大特点：第一个特点是，由于知识信息大爆炸，每个人天天都生活在一个让人眼花缭乱、目不暇接的信息世界里；第二个特点是知识增长和更新的速度快，快得千变万化、日新月异。这两个特点大大加快了人力资本的折旧速度。因此在西方白领阶层流行这么一条定律，关于知识折旧："一年不学习，你所拥有的一切知识就会折旧80%。"今天自己不懂的知识，可能过不了多久就过时了。当下关于这个世界的绝大部分观点，两年内就可能成为历史。

要跟上时代的步伐，就不能不学习，而且要不断地学习，这样工作能力才能跟上时代的需要。企业和组织要是不了解当下的情形，故步自封的话，就很难适应竞争的需要，无法灵活地根据竞争变化的规则来主动应战。

处于对企业的责任，对组织工作的责任，自觉主动地学习新知识、新技术以及新经验对个人来说重要性非同凡响。个人工作能力的提升才能让自己无论面对什么样的情形和局面都能应付自如，什么样困难的任务都能完美地完成。反之，不学习的人就会被淘汰，走到哪儿的结果都会是一样的。

再来说说学习的方式。学习不能只是单一的方式，它是灵活的，多种多样的。

试想自己在一个"学习型组织"，在这个组织里，员工每年都要接受组织安排的各种培训计划和参观学习活动等等，在如此繁多的机会当中，每个机会都需要去主动争取。要是自己没有机会参加此类的培训的话，也别因此灰心，还可以有自主学习的机会，通过自我充电的办法来学习那些急需掌握的新知识和新技能，以及将来你会用到的知识与技能。别总是吝啬给予自己的学习投资，或是总是放弃已经降临到自己头上的组织培训机会，如果这么做就等于是在放弃绝佳的进步机会。缺少了这些充电的机会，能力就得不到提升，也就无法在如今如此激烈的竞争中站稳了脚跟，这损失是无法用金钱来衡量的。

在众多的学习方式中，无疑在工作中的学习是最佳的方式。工作中遭遇的难题和困惑，是最佳的学习突破口，人们可以从这当中学到解决问题的方法与有关知识，并以此总结经验，这样的学习方法最为有效，也是最节约成本的学习方式。

没有人一生下来就是管理者，管理者都是从普通人开始的，他们经过刻苦努力地学习，慢慢积累经验才成为了后来的管理者。

事实上，工作中的学习不等于脱离工作后的学习，工作中的学习就是要把工作和学习二者结合起来，两者并不矛盾。最关键的一点取决于自己是否具备积极学习的态度和高涨的学习热情。只要自己对工作非常感兴趣并十分热爱它，那么随时随地都可以发现身边有可学的事物，学会了它们就有助于提高自己的能力和技能，工作业绩就会完美很多。

工作能给人们带来的学习结果，不仅仅只是工作能力，人的能力和智慧都可以在学习中得到不断提升。处在什么岗位和职位的员工都要鉴定自己前进的步伐，要学会把自己所做的工作看作是最好的学习课堂。在人生道路上，学识和能力都是很值得珍惜的宝库，人生要活得多姿多彩，充实快乐必须依靠学识和才能，所以务必记住要监督自己学习，让自己跟上时代的步伐。

在忙碌中寻找奋斗的快乐

马利安·道格拉斯的家里在很短的时间内遭受了多次不幸,先是自己5岁的女儿夭折了,夫妻俩十分伤心。为了弥补两夫妻的伤痛,他们又孕育了一个孩子,只可惜第二个孩子出生5天后又夭折了。

接二连三地打击,让马利安夫妇几乎无法承受。马利安先生说道:"那时的我几乎睡不着吃不下,全天几乎没有休息和放松的时间,精神上的压力太大,信心全无。"最后,他只得去看了心理医生,一位医生建议他吃安眠药,另一位医生则建议他去旅行。两个办法他都尝试了一下,可是效果不显著。他说:"那时我感觉身体被夹在一把大夹子里边,而且这夹子越夹越紧。"悲哀就像是那铁夹子让马利安夫妇压力实在太大了。

"只不过上帝并没有断了我们的路,我们当时还有一个4岁大的儿子,是他给我们指了一条路。某一天下午,我很难过地一个人坐在那里,我的儿子突然过来问了我一句:'爸爸,你能给我造一条船吗?'当时,我实在没心情给他造船。说实话我当时是没心情做任何事情,我儿子是个很黏人的小家伙,有时候我们都不得不照着他的意思去做。"

"我大概花了3个小时去造那条玩具船。等船造好了以后,我才明白这3个小时是我的女儿去世以后最放松的一段时间。"

"我在恍惚中似乎明白了一个道理,也这是这么长时间以来我第一次认真思考，原来自己忙着做一些需要计划和思考的事情的话，就不会再让自己沉浸在深深的忧虑当中了。就像我在造船的过程中，忧虑全然消失不见，于是决定不停地忙着。

"造完船的第二天晚上，我让自己在房间里找找看有什么活可以做，随后把事情列成了一张单子，譬如修书架、修楼梯等事情。"结果让马利安感到十分惊讶，两个星期内他居然给自己列出了242件事情。

"我花了两年的时间把这242件事情都做完了。当然除此以外，我还参加了很多很有意义的活动来丰富自己的生活，每个星期有两个晚上我都会到纽约市成人教育班。如今我已经是这教育班的校董事会主席，每天都有忙不完的会议，还要协助红十字会和其他组织机构募捐。忙碌的工作让我几乎忘了什么是忧虑。"

英国前首相丘吉尔也曾经说过自己没有时间去忧虑。二次世界大战期间，丘吉尔每天的工作时间长达18个小时，如此繁重的工作居然没让丘吉尔感到忧虑和沉重，他说："一个人太忙了，根本就不会有时间忧虑。"

发明汽车点火器的查尔斯·柯特林也有相同的感受。当时担任通用汽车公司副总裁的柯特林先生主要负责世界知名的通用汽车研究公司，不久前才退休。说起自己刚刚入行的时候，因为太穷只能租堆稻草的谷仓做实验室，全家人的生活费用都来自于他太太教钢琴赚来的1500美元。无奈之下他只能用自己的人寿保险抵押借款借到了500美元。那段时间过去以后，很多人问过他是否曾经感觉忧虑，他的回答是："或许当时我的妻子很忧虑，他总担心自己的生活过不下去了，可是我丝毫不感到忧虑，因为一心沉浸在工作里的我根本没有时间去忧虑。"

伟大的科学家巴斯德也曾经说过自己只"在图书馆和实验室所找到的平静"。这是为什么呢，为何平静会在那些地方出现呢？但凡埋头工作的人一般都在图书馆或是实验室里进行，通常都不会有时间担忧。

忙碌真的可以把忧虑从自己的思想中赶出去吗，真的就这么简单吗？确实如此，这是一条让很多人忽略掉的定律，定律的主要内容就是一个人不论多么聪明，在同一时间内脑子里都不可能被不同的事情所占用，这是心理学上的基本定理之一。做个简单的实验就明白这个道理了，假使自己坐在椅子上，闭上双眼，试着在同一个时间去想自由女神以及自己明早要做的事情吧。

很显然，没人会在同一时间内想一件以上的事儿，即便可以也一定是轮流想其中的一件，绝不可能同时进行。情感也是如此，这就好比谁都不可能充满热情地去做一件事情，同时还在为另一件事情而感到担忧。心理的一种感觉很容易被另一种感觉所冲淡和占据。这其实是在战时，很多军方的心理治疗专家创造医学奇迹的心理学基础理论。

战场上有一部分士兵因为受到打击而患上一种名为"心理上的精神衰弱症"的病症。遇到这类患者，军队医生的治疗方案大多都是让他们忙碌起来。每天除了睡觉以外，军医会让这些人一刻也不得闲，鼓励他们参加诸如钓鱼、打猎、打篮球、打高尔夫球、拍照片、种花或跳舞等活动，这样一来，他们就会忘记曾经在战场上所受过的可怕的打击。

近代心理医生曾经发明了一个新词"职业性治疗"，所谓的职业性治疗就是把工作当作药房来医治很多人的心理疾病。其实这并非他们的首创，因为古希腊的医生们就已经开始使用这种方法为人治病了。

费城教友会的教徒在富兰克林时代就使用过这种方法。1774年，有一个去参观教友会办的疗养院的人，在去的途中看到有些精神病人正在纺纱织布，他很是震惊。此刻，浮现在他脑海里的第一个念头就是他们或许正在遭受剥削。直到教会的人向他解释道，之所以让病人如此辛苦地干活，是因为病人只有在忙碌的时候病情才会有一定的好转。

心理治疗师最经常说的一句话就是，忙碌是治疗精神和心理疾病最好的药房，所以当忧虑出现时，请让自己忙一点。著名的诗人亨利·朗费罗先生在他年轻的妻子去世之后，也发现了这个道理。他的太太是因为有一天为了熔化一些信封的火漆而点燃了一支蜡烛，结果着了衣服，最终因为烧伤而身亡。在妻子去世后的一段时间内，朗费罗始终无法忘掉这件可怕的事情，差不多到了快要发疯的地步。只不过在伤心之余，他还要照顾自己年幼的三个孩子。孩子似乎是不懂得忧伤的，于是他必须每天都带着他们到公园去散步，还要给他们讲故事，和他们一同做游戏，他甚至把他们的父子之间的亲情化作了一首诗歌，命名为《孩子们的时间》。那段时间他做的事情还不止于此，他还翻译了但丁的《神曲》。这些工作渐渐地让他忘记了自己丧妻的伤痛，心态也平静了不少。班尼逊也曾经在他最好的朋友亚瑟·哈兰去世之后说过类似的话："我一定要让自己沉浸在工作中，否则我就会在绝望中忧虑苦恼。"

大部分人都被日常工作忙得团团转，在工作的包围中的人大部分都体会不到忧虑的存在。只有到了下班后，一切工作都停止了以后，自由和轻松来到时，反倒是有了时间去忧虑。各种问题就会常常出现在大家面前，像是自己在工作中有什么样的业绩，工作是不是顺心等等，还有生活，总之，闲暇的时间给了大家太多遐想的可能。

闲下来的自己，大脑常常会变成一片真空。从物理学的角度来说，自然界是不存在绝对的真空状态，但相对的真空状态却是比比皆是。就好比是一个封闭的白炽灯泡，它内部的空间相对于外部来说就是一个相对真空的状态，一旦打破了，外面的空气进去了，就充满了从理论上说来是真空的那一块空间。

萧伯纳曾经给自己总结过指出："人们之所以忧虑，就是有空闲时间来想想自己到底快乐不快乐。"忧虑的消除不是不去忧虑，而是真正让自己忙碌起来，思想就会被手上所忙的事情所占据，不再去思考忧虑的问题。所以说，让自己持续

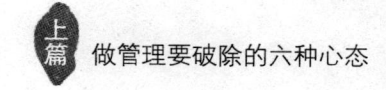

地忙碌着，是这个世界上抵抗忧虑最有效却也是最便宜的方法了。

要自己彻底远离忧虑，就必须明白这个道理——忙碌就会忘记忧虑，不停地忙碌会让自己沉浸在工作当中，而不再绝望中挣扎。

下篇 做管理要树立的六种理念

◆ 俗话说，有破有立，破除了六种不健康的心态后，就要在管理中树立六种良好的管理规范。"六破"的最终目的也是要调整和转变管理者和被管理者双方的心态，让管理的关系变得更为融洽；"六立"就是要让管理者以及员工，在正确的、科学的方法引导下，发挥出各自最大的效力，取得最好的成绩。

第七章 "察德识品,以德为先"
——树立用人标准

> 管理组织中最关键的部分就是管理人,要管理人先要选拔人。优秀的管理人就是善于识人的伯乐,必须了解古今中外最经典的用人原则,以能选人,以德服人,同时在组织内部制定相关的制度来保障,机制是人才得以留住的基本前提。

慧眼识人,发现人才

清朝时,杭州有个商人叫石建,他的经商理念是需有天时、地利和人和三个因素都具备才能经营好生意,其中最重要的因素是人和。所以当他决定要扩大经营规模的时候,第一个想到的就是招募一个得力的助手。什么样的人选才是最合适的呢?石建突然想到了一个妙招:首先他贴出了一张布告,布告上写着自己要招收一名学徒,还把具体的招募条件详细地写在了上面。一番考察之后,最后剩下了三个候选人，石建决定通过面试在其中选择一个。面试的那一天，三位候选人一进门，石建给他们的第一项任务就是去厨房吃饭，吃完饭再考虑要把谁留下。

第一个面试者来到石建的店前，石建问他："吃过了吗?"第一个面试者回答道："我吃饱了。"石建继续问："你吃了什么?"面试者回答："吃的是饺子。"石建再问："那吃了几个呢?"面试者回答："我吃了一大碗。"石建听完只是说："那就先休息一下吧。"

第二个面试者来到了店前，石建问了同样的问题："你吃了多少个饺子?"第二个面试者立刻回答说："40个。"听完以后，石建也让这个人到旁边休息一会儿。

接着问第三个面试者同样的问题时，第三个面试者回答："第一个人吃了50个，第二个人吃了40个，我吃了30个。"石建听完这回答当下就决定留下第三个面试者。

石建留下第三个面试者的理由是什么呢？很简单，第一个面试者头脑简单，只知道吃，却不懂得计数；第二个人虽然知道计数，却只顾了自己，不顾他人；唯独第三个人既懂得计数，又观察了其他人的情况，这是一个生意人必须具备的潜能——眼观六路、耳听八方。石建的选择后来被证明确实是对的，第三个人在聘用之后十分精明能干，有头脑、会经营，很快成了石建的得力助手。

常言道："在赛马中能识别好马。"人才就像是良驹一样，要在工作中通过展现自己的才华，才能被人所赏识。比赛中的赛马能跑多远，跑多久，都会在一场比赛中体现得淋漓尽致。人才的判断标准也是如此，一个人的工作能力如何会在工作中展现得十分彻底。工作中的表现可以用来判断人才的等级。

赛马的规则在选拔人才时也同样可以借鉴，那么赛马中最重要的几条原则和人才的选拔之间有什么样的关联呢？现在就来看看。

第一，赛马先要有赛场，人才的选拔一样需要提供合适的岗位。

第二，赛马必须分跑道，人才的竞争也不能乱哄哄地挤在一起，竞争必须有序进行。

第三，赛马有一定的规则约束，这在人才竞争中也要制定一套科学的绩效考核和奖励评估系统。

第四，赛马中必须设置障碍，在工作中人才也要经历难度的挑战。

第五，赛马有驯马师，人才也要有相关的上级或是经验丰富的同事引导才行。

联想集团作为国内当下最知名的计算机产业集团，在经历了初创、成长到成熟的几个发展阶段以后，他们也开始慢慢认识到人才的重要性。有了积极为集团奋斗工作的人才，联想的发展就更有希望了。联想的管理层一直都在为那些肯努力上进，并肯为之奋斗的年轻人搭建一展才华的事业舞台。经过一番人才的培养之后，如今的联想集团管理层平均年龄都在四十岁以下，像杨元庆、郭为、陈国栋等人都是正值英年时代的管理者。

从20世纪90年代开始，一直重视提拔和使用年轻人的联想集团提出了自己对管理者的管理口号：

你不会授权于人，你将不会被重用；
你不会提拔别人，你将不会被提拔。

在培养管理者的过程中，联想集团总结制定出了一个制度，即每个年度的3、4月份都要对组织机构和业务结构的管理层进行重新调整。每一次调整，联想各个部门的管理模式和人员都会有很大的变化。调整的目的在于让员工能够

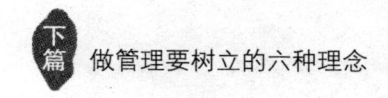

体会到更多的竞争和挑战,从而选拔优秀的人才,淘汰那些并不适应联想发展的员工。

联想的这种做法简单总结就是慧眼识人。

以制度建设树立用人标准

著名的管理咨询专家刘光起先生曾说过这么一句话:"管理就是管出道理,道理就是规则规范。"管理当中要有各种规章制度来作为规则规范。古话说得好:"不以规矩,不能成方圆",也说明了规章制度在工作和生活中的基础性作用。

曾经在同一个公司工作的约翰和亨利两人同时到一家公司联系业务。公司在一座很豪华的写字楼里,办公室的落地玻璃门窗非常气派。只不过,玻璃太过透明很多来访的客人都曾经不小心撞在高大明亮的玻璃大门上。一刻钟不到的时间里,就有两个客人在同一个地方头撞玻璃。

看到客人撞到玻璃,亨利忍不住笑了,对约翰说:"这些人还真是傻,这么一大块玻璃居然看不见,还撞上去了。"

约翰听完,不同意亨利的说法,他说:"我倒是觉得他们一点点都不傻,傻的是这块玻璃的设计者。如果那么多人都会在那块玻璃前面犯同样的错误,就说明他的设计确实有很大的缺陷。我们现在要想的应该是如何修正这些缺陷,而不是去嘲笑那些装上玻璃的人。"

亨利听完约翰的话以后，就立即跟该公司的经理提了意见，经理采纳了亨利的建议，随后在这扇玻璃门上贴上一根横标志线，打那以后，来访的客人就再也没有撞到玻璃门了。

说这个故事是为了说"修路原则"，修路原则是指一个人在同一个地方有两次以上的机会犯同样的错误，或者说不同的两个以上的人在同一问题上犯同样的错误。这两种情况都不说明人有问题，而是说明在他们犯错的地方存在一定的缺陷，也就是修路原则中的路有了差错。意识到这一点，作为管理者就不能只是简单地管人，而要先修"路"。

就管理本身而言，要提升管理的质量最快的方式就是一天进步一点点，完善一点点，每个人每一次都能因不断修"路"而进步一点点。所谓的修路就是在为自己的组织完善改进制度和规范，"修路"指的就是制度建设。

"修路原则"证明管理者管理的对象重要的是制度而不是人，管理者要做的是去制定让人各行其职的制度，这就好比是修筑让人各行其道的路。

管理者要以德为先

管理者的正气是会在组织内部对下属起到有很强的示范效应，道德品质的影响力可以上行下效，会有很强的感染性。有一种这样的情况很是常见，道德品质优良的人，对周边环境氛围影响是很巨大的，周边的氛围在他的感染下也会形成一股正直的风气。所以说即便是一个很好的团队，倘若管理者本身的道德品质并不怎样的话，很快一股歪风邪气就会在团队内部蔓延开来。要避免这种情况的发生，管理者要懂得做好自律，提升自己的道德品质，注意自己待人接物的方式，注意处理好与同事、下属、家人的关系，时刻保持一种很高尚的道德风范。金无足赤人无完人，过分地要求管理者要尽善尽美自然是不科学的，不过还是要要求管理者要做到凛然正气才是。

唐高宗李治时期，狄仁杰曾任大理寺丞。一次，两个武官因误砍昭陵（李世民陵墓）的柏树按律被罚削职为民，可是刚刚登基的唐高宗意气用事，下令斩首二人。在狄仁杰看来，这样的判罚未免太重，毕竟两人犯的不是死罪。李治听了狄仁杰的建议后十分恼火。狄仁杰立刻反驳说："犯颜直谏，自古以来认为很难。臣以为，如果遇到夏桀、商纣那样的暴君，自然很难；但若遇上唐尧、虞舜那样的贤君，其实很容易。现在，按照法律来说，二人并未犯下死罪，陛下却下令斩首，这是使大唐法令失信于天下。如果因一棵柏树而杀害两名武官，后代将如何看待陛下。臣所以不敢接受这样的命令，是担心使陛下陷于不道的境地。"狄仁杰一番话后，高宗李治冷静了下来，他明白狄仁杰说的每一句话都很有道理，最终只好收回成命，同意不斩首这两名武官，只将他们削职查办，流放到岭南。不久，狄仁杰就被高宗晋升为侍御史。

北宋时，时任同州观察推官的钱若水，接到了这样一宗案件，一富户家女奴失踪，女奴的双亲上诉知州，此案件由知州命录事参军审理。该录事参军曾向该富户借钱，结果却没能如愿，录事参军始终对此事耿耿于怀，于是在判案期间就趁机捏造莫须有的罪名，诬陷富家父子数人共杀女奴而沉尸水底，遂失其尸而不得，理当处死。富户因受不了严刑拷打的苦痛最终屈打成招。之后，知州复验，皆以为实，欲以证据确凿而结案。结案之时，只有钱若水一人不认为事情是如此，于是他吩咐暂时不要结案，还自己暗地里四处拜访女奴的家人以寻找女奴。10天后，他最终找到了女奴，富户父子才因此得以释放。富户父子被释放以后特意前去拜谢钱若水，他竟闭门不见，还让人转告富户父子此功劳是知州所为，自己并不知晓。另一边，知州也希望向朝廷奏报钱若水之功，钱若水同样也不接受。因为钱若水认为自己不过是在履行自己的义务罢了，这是他的为官之道，而论功求赏则非其本心。后来宋太宗得知自己有钱若水如此贤能的人臣，遂授其为枢密副使。身居高位的钱若水也始终以正直形象示人，不改从前。

人是群居动物，个人的努力在集体当中是有影响促进存在的。这个社会里的每一个人若是都身心健康，那么这个社会也将是健康的。应该说，个体和集体几乎是分不开的，彼此影响，彼此关联，这是人类社会普遍存在的一项特质。社会如此，小集体呢？管理者是不是也要考虑一下如何发挥这项特质呢？首先要做的是要认识到作为领导，对事物的真相有个清晰且客观的了解，从而培养判断与应变的智慧。另外还要做到的是去彻底思考并了解做领导的价值与真谛，在实践中鞭策自己。一个正直的管理者有一副公正无私的胸襟，管理者的真实意义才会真正实现。

关于正直行为，早在几千年之前孔子就曾给予高度评价，他说到管理者若是正直的话，可让自己免于灾祸，尽管不正直的管理者也能够生存。统治者必须提拔正直的人才，远离邪恶的人，老百姓才会安居乐业。卫国大夫子鱼是一位正直的官员，当时卫灵公听信奸人弥子瑕的谗言，子鱼多次谏言都没有结果。直到自己临死前，子鱼还嘱咐自己的儿子不要在正室为他办丧事，以此为"尸谏"，为的是让卫灵公能够认清弥子瑕的奸人面目从而远离他，同时重要蘧伯玉。如此道义现在又有多少人能够做到，子鱼为了国家的利益敢于发表和坚持自己的观点实在难能可贵。此外，正直的品格还表现为按原则办事，不徇私情等等。

用人不疑，疑人不用

古往今来，帝王将相都明白一个道理：用人不疑，疑人不用。这个道理通常被他们用来收拢人心，所谓得道者多助，失道者寡助，要得人心就必须深谙此原则，才能得天下。用人先要信任对方，即便这个人才在某些方面还存在着一定的欠缺，但也必须信任他，只有信任才会给他最大的鼓励和支持。过多的防备对方只会让人才感觉缺少被信任感，缺少支持和鼓励的力量。

用人不疑在历史上最著名的例子就是孙权信任诸葛瑾。

诸葛瑾（公元174~241年），字子瑜，琅琊阳都人，是诸葛亮的兄长。东汉末年，天下大乱，诸侯争霸。此时的诸葛亮还在隆中躬耕陇亩，后经刘备"三顾茅庐"才得以出山受到重用，其兄诸葛瑾，在江东避乱，由孙权的妹婿弘咨向孙权推荐，慢慢受到了孙权的礼遇。初为长史，后为南郡太守，再后为大将军，领豫州牧。

孙权的很多部下看到诸葛瑾受到重用就萌生了嫉妒之心，总在背后中伤他，传言诸葛瑾明保孙吴，暗通刘备，是诸葛亮派到东吴的奸细。不久在东吴关于诸葛瑾的谣言四起，闹得满城风雨。当时只有名将陆逊明辨是非，知道诸葛瑾不是那样的人，即刻上表保奏，向孙权进言诸葛瑾心胸坦荡，忠心事吴，全无谣言中所说的那般不忠，恳请孙权不要听信谗言，更需要消除对诸葛瑾的疑虑。

孙权听完以后说道："子瑜与我共事多年，恩如骨肉，相互之间十分了解，尤其是他的为人，我就更清楚了。他绝不是那种能够会干出不合道义的事情的人，也不会说出不合道义的话。从前刘备遣诸葛亮来东吴的时候，我就曾对子瑜说过：'你与孔明既是亲兄弟，且照理说弟弟应随兄长，此时你为何不把自己的弟弟留在东吴呢？如果你强硬地要孔明留下来，相信他也不会违抗你的意思，到时候我再修书给刘备，相信他也不会不同意的。'当时子瑜是这么回答我的：'我的弟弟诸葛亮已是刘备手下的军师，理应效忠刘备；而我是你的手下，自然就要忠于你才对。这种归属决定了君臣之分，从道义上说，君臣之间无论如何都不能三心二意。诸葛亮不可能留在东吴，我也不可能到刘备那儿去，这是一样的道理。'我听过这些话建议后才知道诸葛瑾是个多么正直且高贵的人，怎么可能是流言中所传说的那一类人呢？我相信子瑜是不会负我的，我也绝不会负子瑜。不久以前，我看过一篇文辞虚妄的奏章，于是先封起来并派人送去给子瑜，还特地修书一封给他，很快就接到了他的回信。信中他论述了天下君臣大节自有一定名分的道理，我看后十分感动。确切地说，我和子瑜算得上是相知有素的知己，外面的流言飞语绝不能让我失去对他的信任。你和他也是好朋友，这点我知道，你对我也是非常真诚的。既然这样，我就和过去一样先把你的奏表封好，也交到子瑜那儿去让他看看，也好让他明白你的一片良苦用心。"

孙权显然不因为谗言而怀疑诸葛瑾，反倒是信任感倍增。诸葛瑾在他看来还是原来那个诸葛瑾，并且从不加以不必要的干涉。孙权知道放权就必须有信任在先，不做无端的猜测。一个管理者要是对员工连基本的信任都没有，一点点流言飞语就对员工产生怀疑，那不但会影响员工的工作热情，最终还是会影响自己的事业。

因此，在管理中管理者不能忽视这一个用人原则。管理者的信任是凝聚整个组织的基本要素，上下级之间的关系能否增进也取决于此。用人不疑，且充分信任自己的下属，才能赢得他们忠贞不渝地为组织尽心效力。组织也会因为信任的存在都彼此关系融洽，组织文化一片生机盎然，组织也能在竞争中抢占先机，脱颖而出。

荣氏企业由荣宗敬、荣德生兄弟创办，曾经是我国历史上规模最大的民族资本企业。荣氏企业的成功管理经验就是从古沿用至今的"用人不疑"原则。荣氏兄弟在管理中从来不因一点点小事就对下属抱有成见，他们的信任换来了下属对荣氏企业的忠心和热忱。

在中国近代，荣氏的福薪面粉公司曾经是国内面粉业的龙头老大，该公司的总经理杨德仁深受荣氏兄弟的器重。在进入福薪面粉公司之前，杨德仁是广顺钱庄的一位师爷，工作能力突出还深得老板的器重，进钱庄三年后就升为钱庄的副经理。杨德仁在任副经理后金融界发生了大的震动，一切都因为一场惊人的事故。有一家大公司向广顺钱庄争取贷款，这家公司表面上财力十分雄厚，贷款信度很高，却很少人知道这家公司实际上已经是负债经营。杨德仁当时也不知该公司的经营状况，于是在未作详细调查的情况下，就批准了它的贷款要求。一年以后贷款不但没有收回，该公司的老板还携款潜逃，这次事故让广顺钱庄损失惨重。即便知道了杨德仁曾经犯过的错误，荣氏兄弟也始终没有失去对他的信任。对荣氏兄弟来说，杨德仁的可贵之处在于该人的理财经验和人际交往能力，有了如此大的事故以后，杨德仁是不可能不吸取经验教训的。

杨德仁果然不负荣氏兄弟的期望，在担任福薪公司的总经理之后，第一件做的事情就是对公司进行了大刀阔斧的改革，短时间内他的改革收到了显著的成效。也就是这样，杨德仁很快就成了荣氏旗下著名的"四大护法"之一。福薪集团经过杨德仁的接管之后，在客户当中的信誉与日俱增，公司也一直保持强劲的发展势头。这当中杨德仁功不可没。

荣氏兄弟在企业内部推行了用人不疑的原则，很显然让企业聚集了大批的精英，有了他们才有了荣氏企业长时间的兴旺发达。用人不疑原则体现的是大气、眼光、胸怀和气度。古诗里说得好："不拘一格降人才。"对人才的信任和宽容，以及在使用人才上的心平气和，都会赢得人尽其才物尽其用的结局，而组织也会因此展现出新的模样。

疑心病只会给组织和人才之间带来无尽的挫伤。管理者不信任自己的下属，不但会挫伤下属的信心，也会给组织带来很严重的后果。从管理的层面来说，用人者与被用者之间的关系是一种博弈的结果，无论是怀疑还是不怀疑，都是双方对弈所产生的局面。管理者在选择是否使用对方的时候，被用者同样也在观察着用人者是否多疑，是不是信任自己，因此来应对用人者的用人策略。他们会思考是该为组织付出热情还是要给自己留条后路，再或者就是表现出自知之明，自觉告退。

很多人都感受过这样的经历吧。当自己的上级对自己产生不信任的情况时，自己心里一定不会太舒服，一定希望能够和上级理论一番，让对方了解自己的忠诚。要是理论的结果不尽如人意，势必在工作热情上受到很大的影响，工作积极性也大不如从前。因此，作为管理者别轻易去怪罪他人或是怀疑他人，要时刻把"疑人不用，用人不疑"的原则铭记在心，给自己的下属以充分的尊重和信任。

要做到这一点，先要排除所有的干扰，明白无论他人如何评价，都必须坚持自己对人才的信任。也只有在极端困难的情况下，才能体现信任对下属的力量。

另外，信任自己的员工在无形中也体现出管理者广阔的胸襟与高尚的人品，管理者高尚的道德品质换来的是下属对自己的信任与尊重，要知道信任和尊重本来就是相互的，管理者的尊重能够激励下属竭尽全力，毕竟谁都不希望失去上级的信任。

要做到用人不疑，疑人不用该做到哪些呢？

第一，洞察秋毫是优秀的管理者应该具备的素质，他应该学会慎重选择人才。

慧眼识人才的管理者在考察人才的过程中，要充分了解下属所具备的各方面素质能力。此后才有可能把合适的人才安排到最适合他的岗位上去，真正做到用人不疑。

第二，管理者要难得糊涂。

总是干涉下属工作的管理者所表现出来的是不放心，不安心，既然要信任对方就要让其独立工作，而不要过多地干涉。

第三，管理者要在组织内部设立监督机制与赏罚办法，在制度上保障下属的工作。

　　彼此猜忌该如何将工作进展下去，最理智的做法是要避免彼此互相猜忌，有了问题最好诉诸于制度或是规范，免得让一系列敏感的问题影响了上下级之间的关系。

　　管理要以信任为基础，在这个基础之上，管理者要知道员工身上值得信任的地方是什么，这其中可能是职业道德，可能是职业素养，也可能是职业能力等。纵然对于管理者来说，对下属的管理不可能面面俱到，很多时候管理者所关注的是目标管理或是幅度管理等方面，但是人员管理本身就不可能是全面管理。因此，管理上的客观基础只能是信任，否则管理无从谈起。

　　在组织管理中众多的管理原则中，用人不疑是最有效的，也是最基本的，这个无论是过去还是现在，所有励精图治的管理者都认为如此。与其说是用人不疑，不如说是要以信任为基础。尽管在很多具体工作当中，管理者和下属之间的关系不可能做到百分之百的信任，有时也有一定的怀疑存在，但管理者都必须知道一定的宽容是可以增加信任度的，否则一点点的怀疑就会演变成很深的怀疑，到了那时候，一切就无法挽回了。所以，现代企业管理者在对人的信任上要永远保留一条底线，这对于上下级双方都是公平的，辩证地看待用人不疑，管理才能更加科学。

第八章 "五湖四海，任人唯贤"
——树立用人准则

> 天下人才济济，遍布五湖四海，企业不是找不到合适的人才，而是没有选对用人准则。如果一个企业在用人上总是任人唯亲，那这个企业也走不了多远。因为只有人才才是企业发展的动力。

选拔人才的三种禁忌

人才必是在某方面有特长的人，但这不意味着他是尽善尽美的，这也是不现实的，这就和世上没有一无是处的庸才一样的道理。自称完美无缺的人不过是在自欺欺人，往往都是些二流角色，一个某方面才能十分突出的人，一定在其他方面的缺陷也十分明显。这个世界不存在十全十美的人。

对待人才要有一定的智慧才行，必须知道如何正确地对待人才。

第一，一定不能求全责备。

南宋的戴复古在《寄兴》诗中写道："黄金无足色，白璧有微瑕，求人不求备，妾愿老君家。"后世将这几句诗总结成了一个成语："金无足赤，人无完人"，意指任何人都不可能每个方面都非常完美。关于这一点，中国古代不少文人学士都用自己的方式有所描述。《吕氏春秋·举难》中就指出："尺之木必有节目；寸之玉必有瑕適。"屈原在《卜居》中也写道："夫尺有所短，寸有所长；物有所不足，智有所不明。"明代宋濂在《潜溪邃言》中提出了自己的观点，他认为："功有所不全，力有所不任，才有所不足。"一个人若是在某些方面做得不够，有能力难以企及的地方，这就是人无完人的具体阐释。既然人无完人，自然就不能对人才求全责备。

在美国南北战争期间，林肯总统听到某人提及自己新任命的总司令格兰特将军有嗜酒的毛病，很多人都认为他难以担当此重任。林肯却一直不同意这种说法，他说："一旦我知道格兰特将军喜好的酒是什么品牌，我会立刻送他几桶，只要他喜欢。"儿时在肯塔基州和伊利诺伊州长大的林肯总统，自然不会不知道酗酒贪杯之人一定难成大事，但那时格兰特将军对他来说更重要的意义是，只有他才是所有北军将军中最有才能的将军，他能够统筹全局，决胜千里。历史证明，格兰特将军着实成为了改变南北战争双方局势的重要人物。林肯总统对格兰特将军的任命堪称是一次有成效的任命，证明了林肯用人政策的正确性，他的用人政策不是求其人之所长，却不是苛求其人为"完人"。

林肯总统也不是一开始就明白这个道理，也是付出了沉重的代价后才学会了这样的用人策略。在起用格兰特将军之前，林肯总统也试着任命过其他的三四位将军，当时他的标准就是追求"完人"，这些人身上不能有严重的缺点，但是结果却叫林肯总统很是不满意，甚至在北军的人力或物力方面都占有极大优势的情况下,特别是1861年至1864年这3年间,战争没有一点进展。

管理者所用的人,要是都无任何缺点可言的,那他所在的组织顶多就是一个平凡的组织。之所以这么说,是因为任何人都不是尽善尽美的人,凡完美的人都只存在于幻想当中。即使是天才,如果用全人类的知识、经验和才能标准来衡量,也不会每项标准都完全合格。世界上没有"完人",只不过某些人在某些领域的优势要比其他人更明显罢了。

因此总对人才求全责备,反而会影响管理者了解人才的真正实力,甚至还会对人才造成不可挽回的伤害。历史上这样的事例不鲜见,很多贤才都因此而蒙冤或是遭到陷害,造成这种局面的根本原因是管理者太过吹毛求疵,像是为李陵说了几句公道话的司马迁,却被汉武帝处以腐刑,让他遗恨终生。对朝政有意见的苏轼也是因为写了几首讽喻诗,就蒙受了"乌台诗案"之冤,下半生几乎都在贬逐中过着颠沛流离的生活。历史上被小人陷害诬陷而蒙受不白之冤的贤才实在是太多。

凡有成效的管理者一般不会有这样的问题:"他和我相处得好不好呢?"他们最经常思考的问题是:"他会做出什么贡献?"关于员工能做什么,他们也很少这么问,却会考虑究竟这些员工在哪些方面能做得最好。用人的原则在于了解哪些人在哪些领域有特长,这一点不能差不多,也不能将就过得去。知人善任,工作中的每一个人才能最大限度地发挥自己的才能,这才是一定的。工作中管理者也总是提到有"完人"或者"成熟的个性",其实并不是实际意义上的完美,不过是忽略了其他的缺陷,主要用来强调人才身上最特殊的天赋,只要尽其所能于某一项活动、某一个领域、某一种工作中的能力突出了就好,不必吹毛求疵。类似一位物理学家,即使是像爱因斯坦那样的天才,也不可能在遗传学或心理学、医学等方面有同样杰出的成就。每一个人都只能在自己所擅长或是熟知的领域里

183

有所成就，顶多是在极少的几个方面达到"卓越"的境地。

　　管理者若是成天盯着下属的弱点的话，工作就难以顺利地进行了。组织是一个很特殊的结构，要起到 1+1>2 的作用就要发挥每一个成员的优点，相互之间扬长避短，不利影响才会最大程度地被规避掉。能力特别强的人，都是自律自觉性很强的人，自我管理好的人大多是不需要也不想受规章制度约束的。可是大多数人都是平凡人，只有自己的约束力是很难在组织所提供的平台上发挥出自己最大的优势，单干也是不可能获得多大成就的。于是，管理者要考虑的是，自己需要的不过是某个员工身上的某一个优势，可惜任何人都不可能分割优势和缺陷，那两者总是并存的，该怎么去协调两者的关系最为重要。

　　第二，人才和年龄、和资历都无关。

　　荀子曾提出过自己对于人才的观点，他认为有特殊才能的人，就不应该总用常规的晋升程序来硬性地对待，而应破格选用。对那些软弱无能不称职的人的做法也是相同的，不要犹豫不决不知如何处理，管理者应当立即罢免他们。

　　历史上就有不少事例是在反对人才论资排辈的。譬如南朝时期有森严的门阀制度，周朗因不满论资排辈的做法一再地对外强调等级、资历和年龄都不应该是衡量人才的标准。金世宗完颜雍也认为人才的选拔标准不能只拘泥于年龄、资历或是等级等外在的标准，有好的人才的话就要及早用之。北宋的孙洙也曾尖锐地指出，年龄不能用来局限贤能之人才；资历也不能成为官府的职务旷废的标准。当时的士人之所以寡廉鲜耻，不过是为了要为自己争得资格；百姓总在虐政暴吏中苦苦挣扎，也是由于凭资格进用的官员太多；万事总是苟且败坏，百吏总是玩忽职守，法制总是衰朽溃乱而不能挽救，都是选拔标准失误带来的弊端。愚蠢而滞缓的人看来资格之法是有益的；老迈昏庸的人看来资格之法是便利的，只可惜无论哪一种对天下或是国家而言都是大害！

　　南宋的叶适说过按资排辈的做法只适用于"衰时"。社会动乱或是在国家处于危难之中时，资历才是选拔的最佳标准，但这项做法绝不能作为一个长治久安的措施长久地实施下去。资历不等于才能和成绩，人才都是按部就班，一步一步晋升到重要职位上，这会影响所有人的工作积极性，大多数人在这种情况下不思上进，庸庸碌碌，无所作为。真正的人才选拔是无法通过这样的方式来进行的，国家的发展也会因此受到很大的影响。在叶适的眼里，一个社会要是总以资历来选拔人才，时间一长就会失去朝气蓬勃的生命力而凝固和僵死，从而停止了前进的脚步。叶适主张，有些人才尽管资历不够，但各方面的品质和能力都很好的话，就可以破格录用，他说对这样的人才必须要做到"以贤举人，以德命官，贤有小大，德有小大，则官爵从之"，只去考虑能力和品德的话，就会给这样的人才更多的发挥机会。

事业上有所成就的人，绝不会选拔人才时论资排辈。很多颇有远见的领导十分看重有才能的年轻人，总是在基层当中挑选有志之士。历史上有一个很经典的事例就是秦王嬴政就破格提拔了年仅12岁的甘罗出使赵国。

公元前239年，在吕不韦的举荐下，秦王派12岁的甘罗出使赵国。到了赵国以后，甘罗阐述了各种利弊之后，赵王同意割让5个城池给秦国。赵国伐燕之时，攻下燕国30个城市后又割让了11个城市给秦国。秦国在不费一兵一卒的情况下就增加了国土面积。至此，甘罗被秦王奉为上卿，这就是历史上最著名的"甘罗十二为丞相"。五代周世宗柴荣选人用人也反对总是按资历标准，或是仰仗过去的功劳。公元954年，周世宗继位后不久，就打算提拔枢密副使、右监门卫大将军魏仁浦为枢密使、检校太保。当时有不少舆论认为魏仁浦从来没有参加过科举及第，但世宗仍旧愿意重用他。撰写了《平边策》的王朴也通过了自己的文字表现了自己的远见卓识。周世宗看了他的文章之后对其的才能很是赏识，过了不久，就提升王朴为左谏议大夫、开封府知事。

第三，不纠结于细枝末节问题。

《郁离子》中讲过这么一个故事：

赵国有一户人家老鼠成患，于是他想到了到中山国去讨了一只猫回来。只不过猫要回来了，家中的老鼠少了，鸡也被啃食了不少。过了一段时间之后，这户人家的老鼠没了，家里的鸡也全被咬死了。赵国人的儿子于是问他："为什么不赶走那只猫呢？"儿子的意思无非就是要把这个"功臣"赶走。赵国人回答说："我想的跟你不一样，咱们家最大的祸害是老鼠，而不是鸡。老鼠把咱家的粮食吃光了，还咬坏了我们的衣服，打穿了我们家里的墙壁，还损坏了家里的家具器皿，老鼠的存在让我们挨饿受冻，要是不除掉它怎么行呢？而鸡被咬死了，不过就是少吃点鸡肉罢了，要是没有了猫，老鼠卷土重来，该怎么办呢？"

事情不可能都是完美的，有好的一面，就一定有不好的一面同时存在。哲学上说，要具体看问题的主要方面。赵人就做到了这一点，猫虽然会咬死鸡，但它可以帮助防治鼠患，这点要远比他家所受到的损失要大得多，两害取其轻，所以他不愿把猫赶走。平常生活中很多人也赵人家的那只猫很像，他们能创造出不少成就，同时身上也有很多致命的缺陷，只不过比起他们所创造的成就而言，这些毛病所犯的错破坏性就小很多了。管理者要是毫不区分地总是盯住他人的缺点和问题的话，如何去调动人才的积极性，又如何团结一个组织呢？

在管理的过程中不必总是苛求一些细枝末节的东西，有时以偏概全会抓不住要害。无论是用人还是做事，主流还是管理者最应该关注的东西，一点点的小事不应该成为妨碍组织向前发展的最终阻力。一个人有才能，但也有过失，如果功可抵过，那就别总把注意力放在过失上。

下篇 做管理要树立的六种理念

细节尽管有些时候能够成为成不成大事的关键，但并不是所有的情况下都要把细节看得重于一切。管理者要提倡胸怀大局，不纠结于细枝末节，把人才的才干看得重于他的缺点才好。成大事者不计较小事，成霸业者不追究琐事。

战国时期，卫国的苟变是个颇有军事才能的大将，当时在他的手下有五百乘兵，大概是37500人的一支部队。在那时看来能带上这么大一支部队，已经是很了不起的一员大将了。子思到卫国时见到卫侯时向他推荐了苟变，卫侯提到苟变是一名很有才的将领，只不过他曾经在当税务官时偷吃了农民的两个鸡蛋，所以卫侯不敢用他。子思听了卫侯的话，劝他一定不要把刚才的那些话说出去，各国诸侯要是听了一定会笑话他的。子思觉得卫侯的想法错了，其实用人和木匠用木一样，都要"取其所长，去其所短"，卫国此刻正是需要军事人才的阶段，如何能因为偷吃两个鸡蛋的小事而弃用一员大将呢？卫侯听了子思的话以后，才知道自己的想法实在欠妥当，缺少大局观念如果没有子思的推荐和劝导，卫侯兴许就此失去了一员大将。

广纳天下的贤士为自己的组织服务，来推进组织的进步和发展，切勿嫉贤妒能，那是愚蠢者的行为。

选拔人才要唯才是举

人才是成事与否的决定性因素。古代逐鹿中原者，人才济济者才最终成功，失道者寡助通常只会和失败相伴。而人才的有无，最终却取决于能否唯才是举。

《战国策》中记载，纵横家苏代和燕昭王在谈话中，提到了有两种不同作用的人：一种是品行好的人，孝如曾参、孝己，信如尾生高，廉如鲍焦，这些都是品行好的人。只不过这些人在苏代看来，孝如曾参、孝己这样的孝子，只是孝父；信如尾生高只是做到不骗人；廉如鲍焦也是只做到不偷人钱财罢了。另一类人是具有才能的人。有进取心的人总想着有所作为，苏代说他自己就是这种人。苏代在谈话中比较了这两类人，第一类人他认为尽管道德品质很高，却缺少了很重要的进取心。而具有进取心的人，才能建功立业，才能辅助君王成大业，于国于民才真正有利。

西魏大丞相宇文泰一向是个懂得人才重要性的人。动荡的年代里，宇文泰主张知人善任，反对"州郡大吏，但取门资"而"不择贤良"的做法，提出在选拔人才时要"当不限荫资，唯在得人"，在他作为大丞相期间，很多真才实学的人才，如苏绰等人都得到了提拔。苏绰，陕西武功人，因才华出众经人推荐，官拜行台郎中。宇文泰在和苏绰接触了一段时间之后，了解了苏绰的才华之后，就找了个机会把他留下来用心交谈。一番交谈过后，宇文泰对属官周惠达说："苏绰真乃奇士，我将把政务委任给他。"没过多久，苏绰就被擢升为大行台左丞，参与国家机密要政，宇文泰也从此很是器重这样有才华的人。从此以后，苏绰也成为了宇文泰最得力的助手，在大力改革官制，颁行均田制和创立府兵制等制度的推行中发挥了个人的才华和贡献，也帮助宇文泰强大了西魏，为北周政权的建立奠定了基础。

举荐人才的过程并不简单，因为爱才所以才会任人唯贤。很多人才都是在反复曲折的过程中被发现和起用的。北宋宰相赵普被后人誉为"半部《论语》治天下"，在相位的几十年间，赵普对北宋政权的建立和巩固作出了巨大贡献。赵普之所以能在几十年代的时间里作出如此大的贡献，很重要的一点是他做到了任人唯贤，在荐贤用人上，他总是不遗余力。

一次，赵普举荐某人为官，宋太祖不同意他的观点。第二天赵普再次举荐，宋太祖仍旧不同意。第三天再荐，结果宋太祖大怒，将赵普的奏章一气之下全部撕碎，扔在地上。赵普见后面不改色，还是跪在地上，默默地把残牍碎片一一拾起，再还朝回家。第四天，他把被宋太祖撕碎的旧牍补好，再次上奏。宋太祖这次才懂了赵普的一番苦心，同意任用其所举之人。还有一次，有几个臣僚应当升迁。宋太祖一向不喜欢这些人，怎么都不同意升迁，又是赵普再三请命。宋太祖很生气地说："朕偏不准这些人升迁，你还有什么办法呢？"赵普据理力争说："刑以惩恶，赏以酬功，古今通道也。且刑赏天下之刑赏，非陛下之刑赏，岂得以喜怒专之。"宋太祖听完怒不可遏，起身走入后宫。此时赵普仍旧紧跟不舍，在寝宫前久久恭立等候，只等宋太祖同意。宋太祖最后只得无奈地谕允其请。

189

为了国家利益，赵普总是不惜自己个人的利益，不依君主一时好恶，再三举荐贤能的人才，让人才都能得到人尽其用，在后世看来这才是力荐举才的最佳例子。

以人为主，依理而变

西方管理学一直以来强调都是以"事"为中心，人要配合事的需要，以事为主，是一种很典型的因事寻人的管理办法。在这种管理模式下的管理者先会把各项工作分析安排妥当，分门别类地明确分工，划分出不同的部门，规划好所需的职位，再根据每一项工作任务的需求确定所需人才的规格，最后选聘最合适的人才。

中国式管理有别于这种以事为中心的管理方式，主要还是以"人"为中心。固然也做工作分析，只不过在分析岗位的时候更注重现有人员的特质。很多时候，管理者希望依据现有人员的特质采用"量身定做"的方式来规划职位，划分部门。所以人们常常看到管理者制定这样的一条——现有的人不完全符合工作说明书所要求的规格，于是在工作职责表的末尾，总会有一句其他，是出于弹性人事调整的需要。

这就是以人为主的管理模式，"事"是来配合现有的人员安排的，如有其他需要时，可向外再度寻找人才来配合现有的团队。这几乎已经成为中国管理的一大特色。

之所以有这样的管理模式，是因为中国人相信"事在人为"。既然事情是人做出来的，那管理的重点也顺理成章地落在了管理人上了，管理就必须以人为主。

既然以人为主，那什么样的管理才算得上以人为主呢？现实中，很多管理者由于害怕分工不明确总用"其他"二字来规避一切可能出现的问题。其中最根本的问题在于寻找"志同道合"的人，志同道合才能将心比心，彼此配合，彼此协调。

在西方管理的模式中，以事为中心的缺陷在于人一旦不能满足工作的需求的时候，就可以及时更换，不论是主动求去或者被动解雇，这都是管理中很常见的现象。

日本的很多企业在管理上也同样采用了以人为主的模式，可是他们的模式主要是采取了"长工"的方式，也就是终身雇用的方式。员工没有发生变化，但是员工所从事的工作却始终在变化。只不过这种模式在日本的企业当中也有日趋被淘汰，近来越来越多的日本企业都不愿意采用这种管理模式，原因就在于人不动事动的成本实在太高，高到很多企业的老总都无法承受。

相比日本，中国企业的管理模式介乎"短期雇用"和"长期雇用"之间，主要采用的人才管理方式还是"合则留，不合则去"的原则，可长可短，弹性更强。至于合或不合，"道"是最重要的因素，这就是现在很多人提到的"理念"。彼此志同道合，就能同甘共苦，彼此为理想而奋斗。要是理念不同，拖拖拉拉，还不如快刀斩乱麻，挂冠求去。

以人为主的管理模式因道结合。若是理念相同才能密切配合，古人说的是"道不同，不相为谋"。所以在中国管理模式下，开拓事业必先找到三五位志同道合的亲友，做好计划，否则一切很可能都是白忙一场。

此外，中国式管理的另一个特色就是"变动性"，变动性的特点就是"依理而变"。一切都在变动中寻找最合理的方式。

任何组织都在变动当中,这几乎是随时随地都在发生的事实。组织变革对中国人来说可谓是家常便饭。

变动当中最常见的是人员变动。志同道合的同事经过一段时间的合作之后,在某些问题上也容易产生分歧,此时有可能互相丢下一句"人各有志",便可以掉头而去。在中国式的管理当中,员工的流动明显要多于日本企业,人员的配备总在流动当中找到合理的平衡点。

工作变动,说明中国式的管理者更欣赏多能者而非专业者。人才的专业性自然不可少,但如果能一专多能显然更好,中国的管理者更青睐那些"通才",因为他们更适应变动的弹性人才管理制度。

除了人员的流动外,制度的变动也普遍存在,通常的方式是保持形式不变,改变实际的做法。一样的制度和组织架构下,随着实际情况的变化而变化。

中国式管理中变动性虽然强,但持续性也不弱。这一点让很多人难以理解。中国的管理者似乎很适应这样的管理之道,他们认为变动是持续中的变动,而持续是变动中的持续,这就是中国式的管理哲学。

变动只需是合理的就怎么都可以,中国式管理的基本特征就在于此。合理变动依理而变,防止不合理的变化。

总结来说中国式管理,相较于其他模式的管理方法,主要特点有三个:以人为主、因道结合、依理而变三大特色。后两个特色都是围绕第一个特点进行的,从人的角度来考虑,先用人能接受的道理来应变,这是一种合乎人性的做法。

以人为主,达成共识是最基本的,缺乏共识的时候,即便是同一个组织内部的员工也会彼此争论不休,组织内部的凝聚力因此而消失,也就不容易产生真正有效的组织力。

制度、共识、态度都不变,而人的理念、行为是时时变动的。因此在中国式管理当中，以人为主且依理而变，目的是为了追求"一切变得合理"，这就是合理的应变。一句话可以概括中国式的管理智慧，那就是"以不变应万变"。

知人善用，知人之长

清代思想家魏源讲过这样一段话："不知人之短，不知人之长，不知人之长中之短，不知人短中之长，则不可以用人，不可以教人。"在用人之前先要对人才进行一番全面的考察，包括了解人才的优缺点，千万别"一叶障目"，这是用人的基本要求，尤其是在以人为主的中国式管理过程中，这方面的要求特别严格。

春秋时，管子辅佐齐桓公成就了霸业，后来又向齐桓公推荐了5个人。管子向桓公上疏说道：无论是开垦田地，扩大城域，开辟土地，还是种植谷物，充分利用地利，卫国人都比我强，建议让卫国人负责农业生产。至于迎接宾客，熟悉升降、辞让、进退等各种礼仪，我也不如隰明，务必让他主管礼宾。东郭牙早入朝、晚退朝，敢于触怒国君，忠心谏诤，不躲避死亡，不看重富贵，不如让他当大谏臣。王子城习惯在广阔的原野上作战，他带领的军队战车整齐行进而不错乱，士兵不退却，一击鼓进军，指挥三军，就让他当大司马。另外，弦章断案恰当，不杀无辜的人，不冤屈无罪的人，不如就请让他主管法律。治国强兵只需这五人就够了，主公要成就一番霸业的话，那有我在这里就可以了。桓公听完同意了管子的提议，于是提拔了这五人。十年间，桓公多次盟会诸侯，天下完全得到

193

匡正基本都仰仗管子和这五人的功劳。

从古至今，管理实践证明管理者要成就事业，对待人才就要任人唯贤，把贤人放在重要的岗位上，事情就会变得很顺利，反之只会延误了自己的事业进展。

兴国与兴业的道理是一样的，根本的一点就是要重视人才，人才的成长背景和学识都不一样，生活的环境也不一定相同，这就造成了人在思想素质、个人特点专长和工作能力方面存在一定的差异，实际上就是在"德"、"功"、"能"三个方面有不少不同。让人才尽其能，管子曾提出："明主之官物也，任其所长，不任其所短，故事无不成，而功无不立"的用人观点。

现实生活中其实有用之人往往比无用之人要多得多，缺的是发现有用之人的眼光以及用人的智慧。古人的管理经验表明，识人要全，知人要细，目的是找出人才的长处，最终还是为了用人所用。切记作为领导者，千万不要让自己陷入"矮子堆里选将军"的境地。

人才结果最佳的结构是能够彼此互补，包括才能互补、知识互补、性格互补、年龄互补、综合互补等等。领导者掌握了这五种互补的原则以后，才能合理调配人才，把最适合的人放在最适合的岗位，企业也能选择到最能产生价值的人才，也不至于陷入"无人可用"的境地，选择人、留住人和管理人这三方面都要综合考虑。

常言说："火车跑得快，全靠车头带"。火车头是火车跑得快慢与否的关键。在用人和管理人当中，如果能适度地提拔一些有能力的人，不但有利于本部门、本单位的发展，还可以通过这些人了解其他下属的思想状况，利于下一步更有的放矢地做好下属的工作。

纸上谈兵不是实干家会做的事情，他们通常都会在工作中表现出很强的实干能力。这个时代欢迎实干家，不要空谈家。空谈家如何才能成为实干家呢？现行很多管理者的办法都是采用招聘人才时选用试用期的方法，等试用期满，管理者再对成绩作一个评价，决定哪些人能够留下来，这个时候哪些是空谈家，哪些是实干家，以实干试之，察其真才的做法就是如此。

发现了实干家，下一步要做的就是留住人才。

第一，要给予人公平的待遇，优待优秀人才的做法是最基本的。

第二，管理者要避免出现私心，避免一些嫉妒人才的表现。

只有这样的工作环境才不至于让人才感到窒息和压抑，愉快地为企业效力。

第三，舍短取长。

管理者必须明确是要求全责备还是舍短取长，这点很重要。求全责备的话，很多人才会因为小小的缺点而因此被埋没，换一种方法，舍短取长，人人皆可尽力为组织工作，彼此互补，组织内部就不存在无用之人。

管理者要以史为鉴，历代统治者对人才的考察都可以成为管理者借鉴的经验。管理是否得力，不过一切都是相对的概念，还是要看用人是否得当。用其所长就得力，用其所短就不得力。其中最忌讳的就是勉为其难。让员工去做自己并不擅长的工作，就很难做得太好，久了还会造成上下级互相猜忌。

管理者不能只是一味地苛求人才的全能，善用受伤难过已有的人才才是真正优秀的管理者所具备的智慧。

真诚待人，以人为本

《中庸》说："至诚之道，可以前知"。诚，是对人格的要求，也同时对万事万物的基本依据。中国式管理中不强调"能力本位"，用人在于"择人而任势"。中国式的管理更注重真诚待人，以人为本。

三国时的袁绍一时雄霸一方，军事实力非常强大，只不过他一直执行的政策是"外宽内忌"，就效果来说，"外宽"问题不大，反倒是"内忌"叫他失了人心。

其实当时袁绍的手下人才济济，尤其是田丰。作为袁绍在军中的别驾，田丰颇有学识，还是一名知名的谋士。当时刘备兵败投靠袁绍，袁绍将其收纳帐下。刘备劝谏袁绍伐曹，而田丰却认为此计实不可施，于是直言谏袁："操兵方锐，未可轻听，若不听良言，出师不利。"

袁绍是个心胸狭隘之人，听了田丰的话后勃然大怒，下令要斩首田丰。后在众大臣一再求情之下，才免于斩首，但死罪可免活罪难饶，田丰仍被囚于狱中。建安四年（199年）六月，袁绍起兵十万，战马万匹，企图南下进攻许昌，由此揭开了官渡之战的大序幕。

袁绍举兵南下这一消息迅速传到了许昌，曹军兵力较微，诸将认为要打败袁绍实属不易。可曹操却认为："吾知绍之为人，志大而智小，色厉而胆薄，忌克而少威，兵多而分画不明，将骄而政令不一，土地虽广，粮食虽丰，适足以为吾奉也。"于是曹操起兵两万迎战袁绍。

建安四年八月，曹操率军进据黄河北岸重镇黎阳，派臧霸率精兵入青州一带，巩固右翼，以防袁绍大军突然袭击许昌。曹操留于禁率步骑两千驻守在黄河以南的重要渡口延津，还令东郡太守刘延守白马，避免袁绍军队趁机南下，这是曹操驻下的第一道防线。九月，曹操回许昌，置主力在官渡筑垒固守，这是曹操的第二道防线。袁绍进攻许昌的咽喉之地是官渡。十二月，曹操亲自坐镇官渡，严阵以待，只等袁军来犯。

正在此时，刘备突然起兵反叛曹操，兵力直杀曹徐州刺史车胄，占据下邳，屯兵沛县，还积极和袁绍联络，企图联合袁绍夹击曹操。曹操见势，只得具体分析了眼前的形势，认为"夫刘备，人杰也，今不击，必为后患。袁绍虽有大志，而见事迟，必不动也"。遂于建安五年（200年）正月，率精兵东征刘备，一举占领沛县，收复徐州，转攻下邳，还迫降了关羽。刘备全军溃败，只有少量兵马逃至河北投奔袁绍而去。官渡之战前，曹操大胜刘备。

建安五年二月，袁绍亲率大军进军黎阳，派遣郭图、淳于琼、颜良等人进攻东郡太守刘延驻守的白马。当时的刘延兵力不如对方强大，不久就被颜良军围困，情况十分紧急。四月，曹操下令起兵拯救刘延。谋士荀攸向曹操提议，先自引兵到延津，佯装渡河袭击袁绍的后方，袁绍当即分兵西应。此时曹操趁机率一支精兵向东奔袭白马，可以杀得颜良措手不及，颜良被关羽斩杀后，遂解白马之围。随后，袁绍又派大将文丑与刘备率五六千骑步兵渡河追击曹军。只有五百余骑兵的曹军一时情急只能下令骑兵解鞍放马，又将随军物资丢弃在袁军来的路上。不久，文丑的兵士见到曹军丢弃的马匹、辎重后，于是你争我抢，乱作一团。曹操见此，命其五百多骑兵立即上马，向袁军冲杀，袁军顿时溃败，大将文丑当即被斩。曹军连斩了颜良和文丑两员河北名将之后，袁军大为震动。不久，袁绍

197

就下令退军阳武。

建安五年八月，袁绍再次兵临官渡，依沙堆立营，东西数十里。曹操也分营与袁军对峙。九月，曹军出击，始终无力击退袁绍大军。当时曹兵不满一万兵力，其中有很大一部分为伤兵，只得先退回营垒坚守。袁军见状，便堆起土山，筑高橹，用箭俯射曹营，使得曹军士兵只能蒙盾而行。曹操为了扭转被动局面，就命连夜赶造霹雳车，向袁军还以飞石，摧毁了袁军的橹楼。袁绍又命士卒挖地道袭击曹营，两军就在营内掘地壕以对抗。曹操又闻袁绍的几千车军粮即将运至官渡大营，他立刻派大将徐晃、史涣截击，将袁军粮草全部烧毁。

相峙月余，曹军的粮草补给跟不上，将士粮草匮乏，曹操决定立即寻机与袁绍决战。建安五年十月，袁绍派车运粮，命淳于琼等五人率兵万余人护卫，将粮囤积在袁军大营以北四十里的乌巢。此时，谋臣许攸建议袁绍派轻骑趁夜突袭许昌，袁绍对此不予采纳。恰逢此时许攸家中有人犯法，被其政敌审配扣押。许攸怒气之下只得投奔曹操，并献计曹操奇袭乌巢。曹操听了许攸之计，正合其出奇制胜之意。曹操当机立断，留曹洪、荀攸守官渡大营，自己亲率步骑五千人，连夜出发，先是扮成袁军骗过袁军哨卡。到达乌巢后，即围住粮囤放火，及至天明。淳于琼见曹军兵力甚少，于是出垒迎战。曹操挥军冲杀，袁军抵挡不住，被迫退回营垒坚守。

得知乌巢被围，袁绍一面派骑兵救乌巢，一面还命张郃、高览攻打曹军官渡大营，想让曹操退无所归。增援的袁军骑兵逼近乌巢时，曹操得到军情后，诸将请求曹操分兵抵挡，曹操大怒斥之，让其等到敌兵到了自己后方再做打算。于是曹军皆殊死拼杀，大破乌巢守军，擒杀袁将淳于琼。而打算攻打曹军大营的张郃、高览二将听闻淳于琼兵败，还听说袁绍对他们二人起疑心，于是双双在曹操帐下投降。曹操乘势挥军掩杀，袁军大溃，袁绍及其儿子袁谭只带了八百余骑兵，仓皇逃往河北。

下篇 做管理要树立的六种理念

当时最大的河北财阀袁绍手下握有八十万大军，军事实力惊人，在讨伐董卓之时就已经是联军首领。大败董卓之后，袁绍被推举为联军首领，这和他的军事实力有一定的关系，当然除此以外，他还有很强的招才容贤的虚名。此前刘备兵败投靠，他以不失大义之名，居然听信刘备完全从一己私利出发的意见，反倒是对自己的部下忠勇善断的谋士田丰等人则嫉恨有加。可见，他的"外宽"不是真正意义上的宽，只不过是浪得虚名罢了，一切都是做给外人看的，满足一下个人的虚荣心而已。也正是这虚荣心让他大败于官渡。

可是很多人看袁绍的"外宽"的政策实则英明，例如他收纳了当时打了败仗的刘备。袁绍的"外宽"仅仅是个手段，而非目的。真正意义上的"外"是为"内"服务的，为了让自己的事业更好地发展而服务的，而非为了一时的虚名。虚假的外宽绝非好事，反而会迷失了真相。而"内忌"会叫人失去了人心，让谋士渐渐远离自己。袁绍就是没明白这一点，才错斩首了田丰等人，直到刘备跑了以后，才发现身边的良将都已经被杀光了，最终败给了曹操。

外宽内合，用人以信，管理者的用人策略就在于此。管理者首先要构建一个完善的管理平台，建立一个完善的管理系统。在选拔了优秀人才之后，再考虑如何用人、管理人。使用不当，就难以发挥人才的最终作用。如何发挥人才的作用，先要做到真诚待人，以人为本。

第九章 "举不避仇，用不避亲"
——树立用人尺度

> 人才使用的尺度是人力资源管理中最为棘手，最难拿捏的一个标准。怎么才能让人才最大限度地发挥自己的长处是管理者在用人尺度上常常思考的问题。实际上，最根本的还在于举贤不避亲，凡人才均从综合角度考虑，保证每一个员工的合理配置和科学培养。

凡事以综合考虑为原则

思考要全方位思考问题，站的角度多了，思考问题就更全面，这就是综合考虑最基本的一点。要让问题解决得更圆满，做到面面俱到，就必须综合考虑。

什么算是综合呢？想得到的不论直接间接，甚至有些乍看起来没有关系的，都要考虑在内。古人说"太极"是其小无内，其大无外的，哪怕是"沾不到边的东西，也可能被视为息息相关。"

"当局者迷，旁观者清"，有些事情当事人或许不怎么考虑，但是局外人必须看到那些被忽略的角度，一旦和事情有关联，就要列入综合考虑之中，避免"无妄之灾"。

完美无缺在很多人看来是圣人的标准，普通人无法达到圣人的高度，不过可以以圣人为效法对象，凡事多考虑几个角度，防止出现不必要的损失。

很多时候大家都会发现在组织中，并非做得最好的人就一定能够留职，这显然就是管理者综合考虑的结果，这些考虑都是有一定的科学依据的。

这一点都不奇怪，人与人之间的综合考虑的认知并不完全相同，管理者和员工之间自然也存在不少差异，更别提是客观观察的旁观者。彼此之间不理解也是很正常的事情。

基于综合考虑，一般来说很多时候不但要思考从法治的角度去管理，在中国传统的管理模式中，人的问题也必须考虑在内。两者结合起来才可能产生一个最为合理的衡量标准。否则既不能法治，又不能实现以人为本，那必然是无法叫人信服的。

衡量的标准自然是要以综合考虑为依据，全方位地思考，才能得出最不偏不倚的结论，在是非利害得失面前都不失偏颇。综合考虑，既不可以挂一漏万，也不能总是在既定的文字条目中受到局限，最终连最基本的衡量标准都已经失去了，就算是量化什么的就更不可能了。最后衡量出来的结果就不过是一个毫无意义的符号，不代表任何综合的、概括的、比较的意义。

在中国人眼里，管理者衡量一个员工的业绩，绝不仅仅是工作表现，与同事关系等方面，中国是个人情社会，不但要关注在工作上和人群中的表现，个人修行，也就是在社会这个大群体中的表现也是管理者评价的一个标准。

在一个社会的环境当中，管理者既然十分重视员工的综合素质，员工就不能仅有工作能力和人际关系，还需要很全方位地自我修行。

人、事、地、物、时，还要加上随时加进来的变数，很多人称其为"程咬金系统"，之所以这么说，就是因为如此多的因素考虑在内的话，以至于很多时候标准的出台并没有任何的预警，就仿佛是半路杀出来的程咬金一般。只是这些都是综合考虑中的衡量项目，又不得不重视，这难道是强人所难吗？当然不是，这是非常必要的。

有人不喜欢"考试领导教学"，是因为教学结果并不一定符合考试的需求。这中间没有什么问题吗？很多现行的标准，也证明了管理者确实在用一些科学的标准来衡量员工的做法，员工大多在管理者的管理过程中被综合考虑的标准进行考核，如此科学的方式又何来抱怨或是怨叹呢？

综合考虑既然是正确的、必然的，也是事实上非常需求的做法。那就应该好好思考一下综合考虑所涵盖的标准具体有哪些，同时随着时间的发展，也该增减些项目。处于综合考虑的缘故，有些不必要的项目是需要暂时搁置或是排除的，以收"戒急"之效，这不应该成为众人争论的焦点。因此在综合考虑的考核标准下，员工时刻都要做好完全的准备，随时应付各种综合考核。

综合考虑中最重要的不是员工，最重要的还是主持考核的管理者。管理者在主持考核时要本着公正公平的原则，忠实各种科学的原则和考核标准。与此同时还要勇于承担"不公平"的罪名，勇敢地说出"保证公正，实在无法公平"。管理者这么做才容易让员工对其产生信任感。所以作为综合考虑的管理者，别一直一个人在办公室里"闭门造车"，为了避免让人感觉到不公，应在标准的确定上多和同事和下属好好商量，最终确立一个最合理科学的标准。最后一点，管理者如何在个人标准和众人标准中找到平衡点是最不容忽视的，也是考验综合考虑是否妥当的主要关卡。

举贤不避亲，不论个人恩怨

历史上众多的英名之主，大多都不记恨个人恩怨，而是不论亲疏，独以贤能与否作为挑选人才的标准。但凡贤才就都收入帐下，为自己所用。如此英明贤主才是知人善任之人，懂得用人的贤主能成霸业，则会于国于民都十分有利。

春秋时晋国大夫祁黄羊提到举贤的时候，说到"外举不避仇，内举不避亲"，《左传·襄公三年》中就曾记载过一件关于他的事迹，他算得上是以身作则。

晋国中军尉祁黄羊年老告老还乡，晋悼公在他离开之前问过他该由谁来接替他的职务最为合适，祁黄羊马上推荐了解狐，众所周知，解狐是他的仇人。只可惜正当晋悼公打算任命解狐为中军尉时，解狐却病死了。祁黄羊再次向悼公推举时举荐的是自己的儿子祁午，他认为自己的儿子可以胜任。很巧的是中军尉佐羊舌职去世了，悼公又问祁黄羊谁可接替其职，祁黄羊举荐羊舌职的儿子羊舌赤可以胜任。于是，悼公采纳了祁黄羊的建议，先是任祁午为中军尉，再任命羊舌赤为中军尉佐。祁黄羊的这一系列举动都是唯才是举的典型案例。第一，推举仇人解狐，绝不是讨好他的举动，祁黄羊想的更多的是公正和公平，在他看来最能胜任此职位的人就只有解狐。第二回，他举荐的人选是自己的儿子。这是否是祁黄羊偏爱自己儿子的举动呢？还有第三回，他举荐的是自己下级的儿子，难道也是偏爱自己下级的意思吗？显然不是，当时的很多人也不这么认为，他们都纷纷赞扬祁黄羊举荐人才"无偏无党",他推荐自己的儿子和属官的儿子,都是因为两人德才兼备,最适合这个职位才值得推荐。

有些人为了避嫌,不愿推举自己的儿子,即便自己的儿子最适合这份工作,也总是低调处之。如此做法实在也是在埋没人才,不但是个人的损失还是国家的损失。祁黄羊在这个问题上举贤不避亲,挣脱了世俗的约束,一旦认为自己的儿子和下属的儿子适合某个职位,就用于推荐,这是个正直的人的表现。

东晋中书侍郎郗超也因"不以私怨匿善",力荐人才获得了举贤不避亲的美名,受到了后人的赞扬。东晋时期,谢氏和郗氏都是朝中的望族。谢安曾任宰相,郗超曾任中书侍郎,只不过两家人一直都矛盾很深,彼此猜疑,关系紧张。当时,日益强大的前秦势力一直对东晋虎视眈眈,企图通过吞并东晋而夺取中原。整个形势开始显得非常紧张。为了解围,谢安出班保举自己的侄子谢玄领兵前去抗敌。郗超知道了这个消息后很高兴地说:"谢安敢于去举荐自己的侄子出征,很显然说明他是个识才之人,谢玄如此有才能的一个人,必然不负荐举。"此外,朝中还有些人总在议论谢安的举动,郗超还帮助谢安在朝中做了一系列的解释,只希望朝中的诸臣能信任谢安,也同时信任和支持谢安所举荐的谢玄。由于郗超在朝中的威望和实权,朝廷也同样信任和支持谢玄,遂拜为建武将军,领兵抗敌。受命于危难之中的谢玄,果然不负众望,在比自己强十倍的敌人面前,小心谨慎,仔细分析敌我双方情况,沉着应战,最终以少胜多,打了一场漂亮的胜战,这就是历史上非常著名的"淝水之战"。

谢玄的淝水之战,从根本上扭转了北强南弱的局面,也进一步保证了东晋王朝的安全。谢玄这个骁勇善战的将军在这场重要的战争中，突出表现了自己的杰出军事才能，同时表现了杰出的军事才能，郗超的胸襟和雅量也着实让人惊叹不已。

合理配置人力资源

　　管理者在管理人力资源的时候，人力调配是其中重要的一个环节。"人力调配"实际上指的是管理者用一定的方式来调配人力资源，从而达到众人步调一致的目的，最终通过众人的合作完成工作任务。

　　人力调配这么说起来并不难，实际操作却不那么简单。作为个体，人人都会重视自己的意见和观点，员工和员工之间的矛盾冲突时时可见。管理者若是不能很好地协调员工间的人际关系，不能把自己组织内部的员工凝聚成一股强大的力量的话，组织的未来就很难顺利地发展了。因此在人力资源的调配过程中，第一个要考虑的要素就是员工与员工之间的关系，也就是人力资源是否合理调配，一旦员工之间有了摩擦，也必须让员工彼此学会忍让，相互协调。

　　拿破仑曾有一句名言，他说："狮子率领的兔子军远比兔子率领的狮子军作战能力强。"一方面拿破仑已经能够发现主帅的重要性了，另一方面，他还明白了一个道理，简单地说就是一山不容二虎，凡智慧和才能相当的人都不能扎堆。

　　由此可知，管理者在管理人才时，才能和智慧自然是必须考虑的要素，只不过比起这个，员工之间的人力配置更是需要管理者费心思去思考的问题。举个例子来说，大家都明白了。譬如一个部门有三个经理，彼此的级别相当，那么该如何调配合适的人才来担任这三个经理的职务呢？显然是一个富有决断力，一个具有协调能力，还有一个擅长行政事务。这样的三个人放在一起才能组成一个有头脑、善协调且有生气的管理团队，如此的人力资源调配算得上成功且完美的。要是换一种调配方式，换上三个都很擅长决断的人在一起的话，那么在意见冲突的时候，一定会是谁也不服谁，谁都不愿意听谁的；再或者是三个都具有行政能力的人在一起，这个管理团队就再也没有人能做决断，而且还容易陷于琐碎事物中；再如果三个人都只有协调能力，那结果必然是既无人决策，也没人做实际工作，事情也就做不成了。

管理人才的基本要求是要让组织内的全部员工都团结在一起。其他一些管理者有的时候喜欢在调配人力资源时，适当地造成一些对立面的存在，不过是出于怕员工组织形成铁板一块，出现自己难以控制的局面。这种管理者的模式通常都会给组织和员工之间造成不可弥补的裂痕。优秀的管理者，多半都不会玩弄这种"权术"，因为他们明白玩弄权术的组织到最后就不能团结一致，同心同德了。一旦自己的组织出现"多头马车"且无所适从的情形，就须立即施行"手术"，以便减少内耗。当然，人力调配本身就需要给管理者的智慧，在每个人都有自己的意见和看法的时候，消除彼此排斥和对立的现象是管理者在管理人力资源过程中不能忽略的问题。解决了员工间的对立现象是让组织高效率运转的最有效办法，换句话说就是在工作开始之前，就合理调配人力资源，有相同或是类似才干的人切勿安排在一起。

国外有研究结果表明，一个经理的管理团队当中，一定要有以下几种人才：一是直觉型的人作为天才军师；二是善于思考的人去设计和监督管理规程；三是需要一个情感型的人专门负责联络和培养职员的责任感；最后就是必须要有冲动型的人才实施某些短期的任务。这个研究结果说明的正是互补律，通过互补所得到的标准和结果很显然已经产生了整体大于部分之和的效果。要实现人才资源的优化设置，就无法避开这个问题。

现实中的事实也充分说明了人才资源的互补律确实在人们的生活和工作中又产生了很成功的互补效应。

唐太宗时期，名相房玄龄多谋，杜如晦善断。两人互补的个性和能力，在后世传为了一段佳话。后人常常以房谋杜断喻指同心协力，配合默契，同掌朝政，共谋国家大事。元雅琥在《上执政四十韵》当中就说道："房谋兼杜断，萧律继曹遵。"

房玄龄隋末举进士，任隰城尉。唐兵入关中，被李世民收入帐下，任秦王府记室。他曾参与玄武门之变，在李世民夺取帝位的过程中立下了汗马功劳。贞观元年（627年）房玄龄任中书令，后又任尚书左仆射，监修国史。在唐太宗时期，房玄龄长期执政，与杜如晦、魏徵等人为唐太宗的重要谋臣。后封梁国公。

杜如晦隋末曾任滏阳尉。唐兵入关中，也同时被李世民纳入帐下。李世民发现此人临机善断，官陕东道大行台司勋郎中。太宗即位后，累官至尚书右仆射，后与房玄龄共同辅佐唐太宗，并制定了各种典章制度。时人合称"房杜"。

年少时期的杜如晦就聪明伶俐，悟性极高，精神风采都异于常人。杜如晦归唐之后，李世民任用他为秦王府兵曹参军；不久改任陕州长史。李世民封王后，开府置属，招揽各路人才，招来了博学之士十八名。当时李世民命画家阎立本作肖像，文学家褚亮题像赞，还辟文学馆，下令此十八人轮三番值班。唐太宗自己也早晚亲自入馆讨论文籍政事，日以继夜，彻夜不休，时人称为"十八学士登瀛洲"。十八人中房杜二人名列前茅，高居榜首。

在杜如晦外迁时，房玄龄得知后迅速劝导唐太宗："王府幕僚外迁之人甚多，其他人并无所谓，唯独杜如晦一人着实是聪慧之人，还洞察事理，的的确确是辅佐您的良臣，一旦失去，那必不可多得。假使您只想保住自己的封地的话，就可以不用他；倘若您有攻打天下的计划的话，那就一定不能失去杜如晦。"于是，当时的唐太宗采纳了房玄龄的建议，把杜如晦留下来为秦王府掾史，封建平县男，补授文学馆学士，并为之作像赞曰："建平文雅，休有烈光。怀忠履义，身立名扬。"

唐太宗贞观初年，房玄龄、杜如晦任左右相，珠联璧合，为"贞观之治"局面的出现作出了巨大的贡献。杜如晦比房玄龄小六岁，却早房玄龄十八年去世，算得上是天妒英才。一天，唐太宗吃到味道鲜美的甜瓜时，忽然想起了杜如晦，不禁黯然神伤，泪如雨下，没吃完就停下来了，派人把自己吃剩下的半个甜瓜放到了杜如晦的灵位上，以示悼念祭奠。再后来，唐太宗要赐予房玄龄黄银官时，对他说："你与杜如晦二人一同协助我打下江山，如今赏赐二人，却只剩下你一人。"在唐朝民间有黄银带能祛除鬼神恶气的说法，因此唐太宗不便赐予杜家黄银带。于是，太宗便叫人取来金带，派房玄龄亲自送到杜家去。魏徵死后，太宗亲自驾临吊丧，亲视大殓，抚棺哭别，还自制碑文书石，语侍臣曰："以铜为镜，可正衣冠；以古为镜，可见兴替；以人为镜，可知得失。徵殁，朕亡一镜矣！"不久后，唐太宗就下诏令人在凌烟阁（后人称功臣阁）中绘功臣像，目的是为二十四名开国元勋树碑立传，杜如晦在长孙无忌，赵郡王孝恭之后，名列第三，魏徵居四，房玄龄第五。

唐太宗的例子说明，管理者在管理人力资源的过程中，互补律的掌握是十分必要的。合理的人才结构，各人才因子彼此之间最好有一种相互补充的作用，这其中包括才能互补、知识互补、性格互补等等。有了如此结构特征的互补之后，就有利于提高整个人才结构的效能。

重视关键员工的培养和管理

在组织当中，有一些很优秀的员工所起的作用特别显著。一般情况下，这一类员工都被称作是关键任务员工，简称关键员工。在组织当中，关键员工的作用是很显著，几乎可以称作是组织内部宝贵的战略资源，是组织价值的主要创造者。一般看来，大部分组织的业绩都和他们相关。

组织当中，关键员工确认了之后，管理者就可以清楚地发现组织在绩效方面存在哪些问题，并由此制订相关的改进计划，提高员工和组织整理的业绩也就不成问题了。说到这儿，谁都是组织的关键员工，如何回答这个问题就很重要了。

正常情况下，中高级的管理人员，高级研发人员，对生产制造工艺和技术进行重大改进的人员，开辟重要市场的人员，还有产品或工程项目的主要责任者都是公司的关键性员工。具体到细小的工作当中，每个员工的关键程度并不是固定的，内外环境的变化都会带来关键程度的变化。举个例子来说，一个新研发的产品上市后，关键员工显然是负责开辟新产品市场的员工；产品在升级期间，最关键的员工就是研发人员。此外市场的激烈竞争也让很多管理者看到了客服人员的关键性。毕竟客服人员是接触客户最多的一个岗位，一个企业或是一个组织，要把自己的品牌和产品理念传达到客户那里，就必须通过客服人员。客户是从客服人员那里了解到企业或是组织的优质服务和服务水平的。因此，提高客户的满意度要从提高关键员工的绩效开始做起，只有这样才能真正留住客户。在组织内部识别关键任务员工，管理者就可以综合考虑组织内部的实际情况，知道组织内部谁能够给组织带来更多的赢利，哪些人无法做到。

在识别出哪些是关键员工之后要做的就是让他们知道自己在组织里的重要作用，他们必须清楚了解自己是组织内部的宝贵资源，也是不可或缺的核心能力。从而在自己和组织之间建立一种承诺和心理上的契约。通常来说，员工在认识到自己的关键作用后，工作绩效会随之提高，与此同时，组织的业绩也会随之增长，有良性的改善。

管理一家跨国运输管理服务公司的提供业务的托尔最近打算在自己的公司内部成立一支特殊的"队伍"。这支队伍的任务不仅是推进公司服务和产品销售，更是要担起公司服务的设计和执行任务。

托尔的想法并不复杂，他提到："当下的市场竞争激烈程度让人惊讶，要是想在如此激烈的竞争中始终保持一定的战略优势，员工必须能更容易、更动态地分享最佳实践的有效手段。"托尔为了做到这一点，在自己的公司先成立了一个以技术研发为核心的知识管理中心，其目的主要是为了沟通企业内部最新的经营思路，共享来自于市场的产品发展趋势。托尔认为企业要产生最佳绩效，就必须让自己队伍里的成员得到广泛的服务环境支持。所以在构建他的知识管理中心计划时，他招募了来自各个部门的人才，包括了通信、人员培训、政策与工作程序，以及掌握知识和奖励测量系统的人才，还专门成立了一个机构领导小组，这个小组的责任在于专门负责领导知识管理工作。托尔所采取的一系列措施，都为员工做好了环境上的营造，员工们有了托尔所提供的手段和信息之后，更便于他们完成工作，更有效地取得成功。结果正如托尔所预想的那样，"这项改革措施让企业中的员工有了更强的竞争力，而客户的服务也有了极大的提升"。

高效的管理者第一步是明确组织里的关键员工，第二部要做的就是设计一个最有效的绩效方案，主要用来提高员工的工作表现。提高员工工作表现的秘诀，尤其是关键员工的工作表现主要有三个：一用、二管、三培养。

第一，"用"。

管理者和关键员工之间最重要的一点就是要时时保持有效的沟通，这会对于提高关键员工的工作效率有很大的帮助。关键员工首先要对自己的组织表现出强烈的忠诚感，他们除了要坚信自己所从事的工作的重要性以外，还要知道自己在公司内部的关键地位，并同其他同事建立良好的合作伙伴关系。以上这些就是管理者的"用"，也是提高员工工作绩效的关键所在。

第二，"管"。

关键员工的工作能力一般都很强，但能人也不是什么缺点都没有，他们常常是缺点更多，恃才傲物的他们有时还喜欢自作主张。管理者因此要管理好关键员工，不过管不等于扼杀关键员工的创造力和想象力，而是要适度约束。关键员工不等于特殊员工，不能一味地放任自由，必须有一定的约束才能更好地激发他们的创造力。如此身份特殊的一群员工，占据了组织内部重要的岗位，如果不加强对他们的管理的话，很容易在组织内部的关键部位出现不应该有的漏洞和损失。

第三"培养"。

既然是关键员工，那么他们就会在很大程度上决定着一个企业的生死存亡。员工只成不败才是管理者需要考虑的问题，保证了用好、管理好之外，还要好好地去培养关键员工。管理者要想"培养"好关键员工，第一要确保自己的组织关系十分良好，其次还要合理地处理关键员工和组织之间的关系。如果把关键员工比做是鱼的话，那么组织就是湖，就是海，鱼只有在湖、海中才能畅快地游动。尽量去满足关键员工的需求是达成高效工作业绩的基本前提。

对人对己的宽容

曾经有一位很著名的管理学家曾经说过:"自己能有多宽容,就能有多高的职位。"大家都认为每一个优秀的管理者都一定有宽容的品质。作为一个团队或组织当中最核心的人物,没有宽容的度量如何去包容各种各样的组织成员,又如何能原谅员工犯下的小错误。一个对人对己都十分宽容的管理者才能带好自己的组织和团队。尽管宽容的管理者并不一定是成功的管理者,但心胸狭窄之人是断然不能成为最优秀的管理者的。

第一,宽容的最基本要求是对自己宽容。

对自己严格要求是必要的,若要拿着放大镜去看自己,那就实在太过严苛,若要是拿着显微镜来看自己的话,那就更苛刻了。其实很多时候不要太去苛求自己,很多事情反倒是过犹不及。要求得过于严格,容易将自身的缺点无限放大,持续地否定自己,会让自己感觉缺乏自信心,尽管自省是提高自己的起点,这个起点本身没有错。

工作本来是件快乐的事情,从工作中获得快乐和幸福是应该的,不论是哪一种方式,都要打心底喜欢自己的工作,这是工作的真谛。工作主要是为了找寻自我价值,吹毛求疵地苛求完美,无疑是在自寻烦恼。当然,真正意义上的宽容不等于对自己一点要求都没有,过于放松对自己的要求,就会失去自制。不过如果只是一点点缺点就总是**无限放大**的话,思想上就会有很沉重的负担。用一种宽容的态度来对待自己吧，能宽容对待自己缺点的人，就能真正宽容其他人。要知道，宽容自己是宽容别人的前提。

第二，忘掉不愉快的一切。

工作当中，管理者和员工不可能不打交道，要是遇到彼此意见不合的时候，员工一旦不理解管理者的想法，或是管理者不满意员工工作的时候，该怎么做才最理想呢？最好的处理方法是，要尽快忘掉不愉快的一切。哪怕在工作当中两人大打出手，下了班还能一块儿去吃大排档喝啤酒。"君子和而不同"，每个人的思维方式并不完全一致，工作上难免有些意见分歧。所以别惧怕在工作上有争论，只要是对事不对人就很正常。和任何人发生了争执，见了面之后还像是仇人一般，还如何相互协助开展工作呢？要是如此的话，工作又该如何完成呢？发生了不合本身并不可怕，可怕的是不会忘记，不会释放，不会释然，那必然无法宽容自己，也无法宽容他人。

一个老和尚带着一个小和尚下山化缘。下山的那一天雨过初晴，许久未出门的小和尚心情非常好，一路上蹦蹦跳跳地下了山，不一会儿就到了山脚下。在山下，小和尚惊奇地发现以前的一条小溪，如今已经变成了一条小河，雨水让溪水的水位涨了不少。正当两人准备脱了鞋子趟过小河的时候，迎面来了一位年轻貌美的少妇。少妇看了看河水，再看看自己的荆钗布裙，一时间犯了难。老和尚看了之后走过去对少妇双掌合十，行了个礼，然后对她说："出家人慈悲为怀，女施主若是不嫌弃，老衲愿意背你过河。"少妇见天色已晚，且自己着急赶路回娘家，也就同意了让老和尚背自己过河。

小和尚见到心想："师傅不是一直教导我们说'男女授受不亲'，怎么这个时候突然背着少妇过河了呢？"小和尚接下去的一路上一直都在想这个问题，以至于老和尚跟他说话都心不在焉。老和尚看出了小和尚的心思，于是语重心长地说:"出家人以慈悲为怀,助人于危难时刻是最基本的事情。我都放下了,你怎么还背了那么远呢?"

小摩擦、小恩怨在生活和工作中实在太过常见,若是纠缠住这些不放的话,就很难和其他人相处了。道理都是相通的,和自己相处其实和和他人相处有很多的相似点。老和尚说得很在理,一些小恩怨、小摩擦自己要是放不下的话,只有自己纠结,或许他人早就已经放下了。

第三,宽容与放纵不同。

对他人宽容,不是让自己对他人毫无原则地放纵。管理者尤其要懂得这个道理,某一位员工的一点点小毛病,三番四次地宽容,实际上就已经不是宽容,而是无止尽地纵容了,对的也都变成错的了。管理者如果这么做的话,对员工和对组织都是很不利的。凡事都要讲究度,宽容失去了度也就不是宽容了。所以宽容总的来说要掌握好度,其次要知道一定的技巧。少了这个度,工作就很难再进展下去了。

古代有一位老禅师,一天吃完晚饭照例出去散步。借着月光他看到了墙角有一把椅子。老禅师立刻就明白了,定是有自己寺里的小和尚又翻墙出去玩儿了。老禅师并未声张,默默地移开了椅子,自己一个人坐在墙角下等着。不久,一个小和尚翻墙进了寺院,他认为自己踩的还是"椅子"。正当自己感觉一切都很顺利的时候,却突然发现自己踩的竟然是师傅的背。还在窃喜的他突然大惊失色,连连道歉,老禅师听了以后很平淡地说:"天开始慢慢变凉了,回去给自己加件衣服吧。"这件事情发生以后,小和尚就再也没有翻墙出去过了。

老禅师教育小和尚的方式就是宽容,他用宽容感动了弟子,目的是为了让弟子自己认识到自己的错误。这样的教育方式充满了人情味儿，如果管理者在日常管理中也能这么做的话，也能宽容地看待下属的失误，以情动人更能让员工清楚地认识到自己的错误，更利于改正，管理者做到这一层次不失为一种境界。

第十章 "素质立身、实干进步"
——树立用人导向

> 选拔人才和管理人才的导向是要以信任人才为基础的，管理者信任员工，员工信任自己的组织，同时员工之间也要彼此信任。信任基础上所产生的管理模式才能敦促员工以最实干的精神投入到工作当中去。

信任激发实干者的潜能

效率高于一切，一个组织若是没有效率的话，那会是什么样的场景很难想象。效率在当前，是很多组织用于衡量个人或是团队组织能力和业绩的基本标准。不过如果组织在要求一个人要同时完成几项任务，团队忽略了先要有计划，只管动手做，最终这缺乏计划的任务只会把人搞得焦头烂额。结果固然重要，但是急功近利却等于放弃了最终的目标。

因此，尽管效率很重要，但是一味追求效率，却是欲速则不达，最后反而得不到大家期望的效率。高效运转是要通过信任关系来达成的，组织里的员工必须都相信自己所采取的行动，知道自己要奋斗的目标，这样一来才符合大家的共同利益。

信任是高效工作的基本保障，信任能够带来高效。很多人不是太理解信任和高效之间究竟有什么样的联系，应该说至少可以从以下三个方面来理解。

第一，生活中，信任是选择生活方式的原则和基础，也是评价他人的标准。

对人对己的信任表达了人们最注重的品质所在。

第二，自尊一般是用信任衡量。

缺少他人信任，自己就会自暴自弃。信任若是不深，也容易对人产生猜忌。只有有了高度的自尊，人才会有精神去完成自己的工作，更容易和他人产生信任。有了信任，就不会骄傲自满，有了信任，人就会谦虚谨慎，有了信任，就不容易自负，敢于承担自己的错误。

第三，信任是自内而外的。

相互信任，首先要让自己值得他人信任。这是价值观的问题，认清了彼此的价值观，再用新知识，新技能来支持这些价值观，再有行动的话就可以称之为信任能力。培养信任能力，是组织管理者在管理人、管理团队中面临的最大挑战。

工作契约上常常也会表现出信任。所谓的工作契约指的是领导者和员工之间所达成的隐性协议，其中对双方的风险、技能、劳动和报酬之间都做了相应的规定，还解释了双方的相互对待方式。

组织以关系为基础，工作契约上规定的是工作关系的性质、质量及真诚度。它在文字上起到了约束的作用，约束的是个人和组织经营体制之间的义务。

建立在信任基础上的契约可以让每个人都有获得尊重的感觉。新的契约关系承认了员工的不同背景和不同程度的自尊，也看到了不同的员工有不同的技能。要让员工全面融入组织，和组织一起走向成功，这无疑能增强员工的主人翁精神，个人的远景目标也能和组织的战略发展统一到一起了。

这种契约不但与职工的薪酬福利相关联，也和其他人的关系紧紧联系在一起。这样一来，业绩不但可以通过客户来进行他人评价，也能够有自我评价的部分。

另外，契约还能帮助重新去界定管理层和员工之间彼此信任的工作关系。新的信任要做的最大转变，就是要实现过去以"我"为中心的单位文化，转变为以"我们"为中心的文化。

为了这个目标，契约的有效管理是很必要的，有了有效的管理就能发挥其效能。每个员工都在责任的保证下顺利达成。团队中的结构如果可以科学化地配置每个成员的职责的时候，团队的目标就很能高效地实现。

契约的原则基本都是既定的，只是员工的不断成熟和发展，很多从前使用的方式已经变化了，因此契约也总是每时每刻都在发生着变化。就这个意义上来讲，契约可以由契约订立者灵活解释。

无论是员工之间的关系还是与客户之间的关系，都在渐渐演化为互为信任的合作关系，目的是为了避免竞争而带来的恶性关系。健康的文化是建立在互相尊重的基础上，有了真诚可靠的沟通和对话关系才能铸就健康的文化，这一切都和阳奉阴违、虚情假意全然无关。

信任对于组织的业绩作用是巨大的，内部员工的冲突减少了，信任度增加了，也就不再有内讧出现。员工就可以通过精诚合作来满足客户的需求，工作效率也就逐步变得高效了，员工对于客户的需求也就更为关注。另外，对于组织来说，员工之间的沟通增强了，工作起来也就更加灵活机动了，业务流程也会随之简化不少。

总之，在现代管理的层面上，关系为基础的管理模式是至关重要的，对于组织而言，必须建立一个以信任和相互尊重为原则基础的工作平台。

务实合作，与组织一同成长

个人英雄时代已经远去，脱离组织寻求发展的个人已经不可能存在了，同样地，组织少了个人的发展也不可能再有发展，组织的战斗力是组织团体的战斗力，但必须依靠一个个员工的努力凝聚而来。因此，当下的组织越来越多地想通过文化的力量改变员工，最终来改变组织本身。这是凝聚力产生的源头所在。因为这种改变，员工的成长经历和组织的未来就休戚相关在一起。

时势造英雄，英雄需要有合适的时势推动才能成为英雄，如何去抓住出现在自己面前的机会和契机，英雄之所以为英雄就在于此。勇敢地抓住了这些转瞬即逝的机会，人生的命运就会因此而改变。

在选择是否要和组织共同成长的时候，有些人并不积极地面对这些，总认为可以得过且过，或者在面对一些困难或者觉得与自己的关系不是很大的事情上干脆选择了拒绝。实际上这么做是不符合现实情况的，既然是组织内的成员之一，那必然和组织的成长及未来不可能没有一点点关联。为组织工作，就要敢于去承担组织发展所能出现的问题，努力成为组织的命运共同体，有了这样的想法之后，个人和组织都会有很多的收获。

山东荣成最有名的就是海产养殖业，在那里有这样一句由来已久的话："要想死得快，荣成晒海带。"海产品尽管收益巨大，但从养殖到深加工，人工晾晒的工作是其中最关键的一步也是最繁重的一步。从前很多荣成从事海产养殖的人，总是一直在包工头的盘剥之下辛苦工作着，可以说命运完全捏在别人手上。俗话说："一朝被蛇咬，十年怕井绳"，直到今天很多人都忘不了当时那可怕的情形，以至于很多包工头再次雇用他们的时候，他们也很难与包工头之间建立起信任的关系。如今的海产养殖企业在招募员工方面有了前所未有的难度。

这么说，员工几乎决定了组织的命运，同时，只有组织的命运得到改变后，员工的命运才会随之发生改变，两者是相互依存的关系。

在荣成的这种互不信任的情况因为有了獐子岛渔业集团才得以改变，因为是獐子岛渔业集团让员工和企业的命运紧紧联系在了一起。

獐子岛渔业集团的董事长吴厚刚为了能够让员工更为信任自己的企业，可谓是花了不少心思。他的做法让外人感到很是意外，甚至将自己所有的股份都奖励给那些为企业尽心尽力的员工。另外，吴厚刚还很重视企业文化的建设，他利用企业文化凝聚员工的力量，推动獐子岛渔业作为一个优秀的品牌企业进入荣成。

在獐子岛渔业荣成分公司总经理李云恩和他的核心团队在凝聚员工方面有着自己的创造性策略，他提出了员工发展与企业发展共进退的思想，并在细节处仔细下功夫。例如，有不少员工的控制能力不强，没有自我理财的意识，每个月发完工资后，就集中到外面消费，面对如此缺乏自我节制，没有理财意识的员工，李云恩的做法是倡导和帮助他们培养自我理财的意识，以避免这些员工给企业造成的不良影响以及诸多的不稳定因素。

李云恩先是在自己的公司内部开展了自我理财的集体总动员，对员工进行理财知识和技能的培训指导。每一个员工在这场培训中都自主参与到自我理财的过程当中来。公司还利用开会和学习的机会在公司上下广泛宣传自我理财的好处和方法，李云恩要求所有员工做出自我理财计划，前提是要结合自身的收入状况。经过一段时间的培训之后，员工们反应积极，不但制订了很多理财计划，也写出了很多自我理财的感受和体会。李云恩还根据实际情况专门编写了"自我理财歌"，唱的都是自我理财的意义和价值所在。员工在这份宣传下会理财的人越来越多了。

员工在尝到李云恩给企业带来的变化而产生的实惠之后，对公司的信任度也在发生着质的变化。

在李云恩实施一系列改革之前，员工对企业的态度更多的就是拿多少钱，干多少活罢了，甚至他们认为企业的很多制度规范都是用来约束自己的，打心眼儿里是很排斥这些规章制度的，企业所说的企业文化对他们来说都是太远、太虚的东西，看起来似乎与他们无关。如今在观念改变之后，企业制度在员工看来似乎已经不是一副枷锁，而是维护所有员工共同利益的重要规范，而企业文化是大家共同的精神家园，员工彻底从情绪低落、消极怠工、扰乱秩序等困局中走了出来。

在公司里有一个性格很孤僻的员工王小宁，从前他总不爱和别人沟通，而在其他同事的协助下，王小宁走出了自我封闭的空间，开始认真学习，认真工作，还从同事身上学到了不少生活的小常识。一个曾经沉默寡言的人，在与同事的良好关系当中变得不但爱笑而且还有些幽默感了。大家都看到了王小宁的变化，也感觉到了企业文化对于员工的感染力，从而更坚定了大家一同企业文化的信念。

不仅仅是王小宁，越来越多的獐子岛员工告别了当初的将信将疑，而是积极地为构建企业文化而主动献策，从精打细算、怕吃亏到勤勤恳恳工作，从做事时拈轻怕重、事不关己、溜之大吉到以无私奉献的心态帮助同事。就在李云恩的改革下，荣成分公司业已成为集团公司在威海乃至胶州半岛上的一面旗帜。

可见，当员工和组织的命运联系在一起时，员工选择和组织共同成长时，企业的命运会因此而改变，员工个人的命运也会改变，这是双赢的结果。

善于给实干者授权

爱尔兰是举世闻名的软件大国，很多软件公司的管理都转变成为信任管理，企业通过对员工的信任来管理员工，这样的情况下给予员工更多的是价值观上的满足，这已取代了传统物质满足的方式。

不止爱尔兰的软件企业如此。在著名的零售商沃尔玛，管理者也都熟知一条管理原则——我们信任我们的员工，他们甚至把这条原则镌刻在自己制服的纽扣上，沃尔玛的所有员工都认为这条原则是让沃尔玛从小公司发展成为美国最大的零售连锁集团的秘诀之一。

现代管理中信任被认为是最好的投资。管理文化中的核心就是管理，它代表了管理模式先进的发展方向。著名的日本松下集团，管理者从来不员工保密，很多商业秘密松下的员工都很清楚。即便是新员工入职第一天，管理者都会对他们进行毫无保留的技术培训。不少人担心这种模式会泄露松下的商业秘密，但松下集团的总裁松下幸之助却说，对员工封闭和保守商业秘密，这对于公司的发展是很不利的。员工会因为不了解公司的技术特点而生产出更多的不合格品，这反而会增加公司的生产成本，比起泄露商业秘密的风险，似乎这种情况下的成本更高。对于很多新型电子行业的企业来说，他们的发展模式不同于传统的劳动密集型企业，信任是企业发展的唯一选择。

不信任员工，会增加管理中的成本。管理学上说过，不信任只会让企业和员工付出很高的代价。企业内部一旦有了不信任，就很难有创造性的建议提出，甚至可能降低企业的生产能力。不信任变成信任之后，工作就会有明显的改观。而在这个过程当中，最主要的角色就是管理者。

大多数的企业或是组织中，管理者造成的不信任，只会让下属们一再地躲避或是抵制某种制度带来的约束。还有其他一部分员工继续把管理者施加在自己身上的不信任传递给自己的下属。上下级都不愿意去承担工作上的责任，于是彼此的不信任感越来越强。管理者在许多会议上为了维护自己的尊严，也只能无奈地选择不信任。对业绩没有任何帮助的不信任在企业内部一点点蔓延开来。

上下级之间的不信任要如何来克服呢？最佳的办法就是要承认和尊重员工提出来的每一个想法。学会倾听下属的意见，再认真地记录下下属的想法，制成表格。从而用鼓励的方式来激励每位员工对企业的发展提出自己的看法，这点不仅仅是管理者要做，普通的员工也要做到。这样一来，员工的干劲儿就被激发出来了，再也不会因为种种条件的限制而停滞不前了。管理者必须看到这种可能性，要等到开拓出充满希望的方向之后，再考虑这种限制。对于员工所提出的意见和建议要采取赞成态度，肯定他们的意见会让员工把自己的精力更集中在解决问题上，还会认识到自己对企业发展的重要性所在。管理者信任员工，就规避了因为不信任而带来的不必要的损害。企业可以有更多的精力用来研发新的产品，或是解决新的问题。摆脱了不信任的企业，工作局面有很大的改观。

詹姆斯提到了授权，授权简单说就是管理者将自己的权力授予下属。管理者了解如何授权是一门必须掌握的基本管理技能，也是信任下属能力的表现。

用人艺术的制高点就是授权,有了它也就有了分层管理,但凡是成就事业的人,都要了解授权的重要性和意义。管理者要敢于授权,这不但能让自己从琐碎的事务中脱离出来,让自己集中精力去解决重要问题,还能帮助下属提高自己的工作积极性,增强工作责任心,发挥其特长,提高工作效率,因此授权是必要的,也是有利的。

拥有全球数量最多的连锁品牌酒店丽晶酒店,它之所以闻名于世,不仅仅是因为它庞大的数量,更因为它所提供的一流服务质量。业内人士知道,丽晶酒店除此以外,还有它的管理模式也十分值得人们称道。通常来说,住进丽晶酒店的顾客,如果对酒店的服务有什么不满的话,无论是小事还是大事,一旦他探出头对走廊上的服务员发出抱怨,他的问题都会在最短的时间内得到解决,无论他抱怨的对象是谁,是普通的服务员还是酒店的管理人员,结果都会是一样的,他们都会尽心尽力去解决顾客的每一个问题。

之所以如此,是因为丽晶酒店从创立初期就确定了自己的经营理念——让人人成为老板。在丽晶酒店,即便是一个普通员工在处理紧急问题上,都无须向自己的上级请示,只要他们认为解决问题的方式得体恰当,就可以直接处理这些问题。他们当中的每一个人手上都有这样一份权力,这是酒店提供的预算授权他们的权限,这笔不少于500美元的预算在解决问题的过程中可以立即启用,不需要开支票,马上就可以解决顾客抱怨的补偿。

丽晶酒店对员工的授权管理模式,很利于事情的顺利解决。这种管理模式把员工视为解决问题的钥匙,信任他们可以为公司解决好各类客户反映的问题。这与传统的管理模式有很大差异,并不仅仅是要求员工做好分内的工作,还要让他们自己决定用哪一种方式取得最佳的工作效果。

授权不是一个形式上的行动，本质上需要个人的责任感，责任感强烈的人才会把工作做好，在授权的情况下完成工作任务。但凡高明的管理者，对于授权都是不吝惜的。例如十大元帅的刘伯承同志都很善于强调各级干部要"执事者各执其事"，有两种做法是他很反对的：一是领导"包打包唱"，不去发挥下级和群众的积极性；二是工作"踢皮球"，总让下级来做，自己却从来不动手。刘伯承同志在主持军事学院工作时，指出了要"集体领导，分工负责"，"共同学习政治，各自钻研业务"，"机关横宽纵短，单刀直入基层"三个口号。美国前总统里根在授权方面也很有自己的一套见解。他在接受美国《幸福》杂志记者的采访时说："让那些你能够物色到的最出色的人在你身边工作，授予他们权力，只要你制定的政策在得到执行就不要去干涉。"

组织高效从员工高效做起

既然要和组织共进退，以组织的发展为自己发展的方向，那就绝不是纸上谈兵，要有实实在在的行动才行。管理者懂得合理授权，为的是让员工感受到自己在组织内的主人翁精神，在工作中应当敬业守责、讲求效率，切实地把组织的事当成自己的事来做。高效的组织效率一定是从员工的效率的提升开始的。事实上，对于员工来说，在组织内部应尽的本分是敬业守责、讲求效率，用工作成效换取自己的佣金。只可惜，太多人不知道这一点，却总是希望拿多少钱干多少活，拼命地为自己逃避工作和责任。

华为公司里的员工就很敬业守责，注重效率。做到这点，华为的老总任正非功不可没，他总希望自己的员工和自己的公司能够高效运转，于是在很多事情上并不多费口舌，一般都是直达重点。这一点从华为的公司会议中可见一斑。会议上的与会人员一般都是直奔主题，极少有会议主题无关的话题出现，一旦出现，任正非就立刻喝止。

任正非的做法在很多人看来似乎不够意思，毕竟在华为的管理层当中绝大部分人都是高级知识分子，任正非对待高级知识分子的态度让人咋舌。但试想一下，要是没有如此高效的会议的话，所有问题总是议而不决，那将对谁都没有好处。所以，让员工融进组织内部当中去，是需要员工主动做出一点努力和改变，这并非管理者有意地去求全责备。更直接一点说，员工若是想把自己和组织捆绑在一起的话，那么不严格地让自己融入组织当中去的话，那就是一种不负责任的做法。

正因为任正非的做法，能留在华为公司长期工作的员工，哪一个不是把自己的想法和建议尽可能从华为公司的整体去考虑，并且熟练与任正非沟通的技巧。如此积极为工作做创意，并勤于学习的员工自然会变得更加敬业和有效率。

这样说来，肯定有不少人认为华为的员工是在唯任正非的马首是瞻，始终唯唯诺诺。其实不然，他们这么做的目的是为了能真正地跟得上企业对我们的要求。能做到这一点，自己自然也就成长了。

深圳的另一家国内工业控制计算机行业的龙头企业——研祥公司，也同华为一样，总把员工的高效看作是企业高效的前提标准。研祥的老总陈志列和任正非的做法很相似，对效率有永无止境的追求。陈志列对员工的态度也很是严格，严格不代表是对自己脾气的释放，在陈志列看来，这不过是在管理当中对自己多年经验的一种分享和表达。提高企业的效率本身并无可厚非，陈志列用自己的方式成就了研祥，就和任正非成就华为一样成功。

在研祥，很多刚刚入职的经理人，一开始并不能适应陈志列对效率的严格要求，甚至有人认为陈志列的批评太过缺少铺垫，也缺少解释，为此压力不小。于是，不少人在经历了沮丧、委屈甚至愤慨的心情之后，很快就离开了研祥。

是不是陈志列的方式确实存在问题呢？当然不是。例如陈志列在下属汇报工作时，总不给下属过多的时间去阐释过程或是原因，这在下属看来似乎是不给予他们过多的权力。实际上很多人在叙述过程和原因，根本的目的在于推诿责任，才找不到点上，如果放任这种做法，研祥的效率也就很难提高了。面对这种情况，陈志列自然是要坚决反对的。

陈志列还很反对隐性恭维。在研祥内部，员工间的互相恭维并不受欢迎，不论是下级对上级，还是平级的同事之间，都会干扰到效率的提升。

一个职场高手的专业素养来自于用心去对待自己的客户和合作者，而不是花心思在如何恭维自己的上级上。

高效行事，员工能够扎扎实实地做好分内的事情，一直都是很多组织追求的目标。组织的高效和员工的高效是密不可分的，要提高组织的效率，首先就必须让员工先提高自己的效率。

第十一章 "不拘一格、才尽其用"
——树立用人观念

> 古人云，不拘一格降人才。人才的使用绝不应该受到外在各种条件的限制。管理者在树立自己的用人观念时，首先要学会的就是去发现人才的长处，找到人才身上的特性，从而为其安排最适合的工作岗位，这才算得上是不拘一格，人尽其才。

善于发现别人的长处

管理者在管理人才的过程中，要做到人尽其能，就要想尽一切办法挖掘出人才的优势。他自己心里要清楚，什么样的人才放在什么样的岗位上最为合适。管理者不是去改造一个人的个性，而是去发现一个人的个性。成熟的管理者总在管理当中慢慢认识自己所管理的对象的优缺点。

曾经有一个管理顾问，在第一个主管的手下很能干，赢得了上级的赏识和同事的尊重。

换了第二个主管后，在第二个主管的眼里这位管理顾问并不优秀，因为他从来没有上交过一个像样的顾问报告，而且他不作分析，也不把分析结果呈现出来。于是换了主管后的这位管理顾问就再也没有从前的业绩了，因为他总是每天在做项目报告，以锻炼他的报告能力。

不久以后，主管认为这位管理顾问很不适合作报告，他写出的报告价值都不高，客户不满意，自己也不会满意。从那时起，这个管理顾问就开始觉得自己不受人尊重了，情绪也就越来越低落了。

最后，他悄悄地离开了这家公司。

这个案例中的第一位主管和第二位主管的行事风格不同，导致了下属的工作效率和工作激情的差异。第一位主管的优点是他善于关注和利用一个人的优点。第二位主管的错误就在于只看到了下属的缺点，却从未想过要如何发挥他的优点，还试图去改变下属的缺点。

第一位主管看似没做什么，结果却十分喜人，第二位主管看似做了很多，结果却不那么理想。

两者的差别就是如何看待自己的下属，如何去发现下属的优点。

就像上文说到的那样，成熟的管理者不是试图去改变下属什么，而是想方设法地把下属的优点发挥到极致。人无完人，没有最好，只有最合适的，找到最合适的岗位来分配人才，这才是管理者的任务。

改变一个人，谁都无法很快地做到，几乎是个不能完成的任务，管理者选择去改变自己的下属是吃力不讨好的活儿。

伊索寓言中曾有一句话说道：

一头驴子，总觉得自己的主人偏心。

驴子它干的活最多，吃得却最差，更可怕的是，它干了那么多活，却始终没有得到主人的理睬。相反的是那只会摇尾巴，什么都不干的哈巴狗却霸占了主人的所有宠爱。

驴子想改变自己也同样得到主人的怜爱，于是它开始学哈巴狗摇尾巴。主人见到驴子如此，只当是驴子吃错了什么药，并没有多关注驴子一点。又一次当主人坐到沙发上的时候，驴子比哈巴狗还迅速地跳进了主人的怀抱，主人一怒之下就把这头愚蠢的驴子杀掉了。

管理者的一项必要修炼，就是让自己越来越准确地认识到自己和员工的优缺点。因为只有这样，才不会有企图去改变他人，而是把一个人的潜力发挥得淋漓尽致。

用人之道，在于用人之长。

因人设事，人尽其用

组织本身是一种结构，一种成员之间互帮互助的结构，所以它需要彼此在工作时合理配合，以及正确调配资源才能达到完美的统一。同时，组织也可以视为一种状态，成员之间分工的状态，还有彼此合作的心理状态等等。

中国社会有一种独特的人伦关系，也就是特别强调人际关系中的伦理观点。所以在组织内，管理者就要重视人员与工作的配合，简单说就是人和事的配合。这是中国式管理的特色，从人出发，以人为主，对于组织的构架原则，当然也就因人设事，按照组织成员的特性，来加以合理地组织。

多数人联合起来为了共同的目的就是一个组织成立的最原始原因，所以说同类合作是组织组成的最初动机。

那什么样的人最容易组成一个组织且彼此合作呢？首选的当然应该是彼此熟知的人。人类最早的时候相识只限于自己的直系亲属，然后再随着社会的发展慢慢向外扩大范围，组织也从内存关系（intrinsicrelation）的互相依附，到外在关系（extrinsicrelation）的彼此牵连，从亲情走向伦理。

组织里管理者要明确有什么样的成员，就去设置一个最适合他们的职位，赋予他们职位以后，再构成一定的组织。这就是中国式传统的组织架构特点。它和现代西方所主张的因事找人，是有很大不同的，这点在上文中已经提到过了，在此就不赘述了。

因事找人的模式，常常会有"有用的人，留下来；没有用的人，被开除"的理念产生，员工也会有"划得来或者没有更好的去处，留下；划不来或者有更好的选择，溜掉"的回应。总之对于员工而言，能留就留，能溜就溜，似乎人才流动没什么大不了了，可是对于组织来说，却在人才结构上增加了不少不稳定性，也增加了人事变动的成本。如果是因人设事就没有了这方面的困扰。

当然，因人设事也不是一点缺陷都没有，它也会有"反正不会被开除，能混即混，保平安最要紧"的负面作用。负面消极的情绪势必会带来凡事不敢做，不多做，不愿做，使得整体工作都无法顺利进行。

很多时候，因人设事都被人所诟病，这是因为很多人都看到了因人设事的负面影响，于是认为大锅饭心态容易造成绩效不彰、互相拖累的弊端，如此不良的评价也难怪很多人会转而支持因事找人的理念。

凡事都不可能只有缺点，全然没有优点，利用好因人设事的模式也同样会产生一系列的良好结果，当然前提是要保证合理科学的管理。第一个要求要有适宜的管理，除此以外还要关注三大配套，彼此相辅相成，而这三大配套是：

第一，薪资制度。

管理者中绝对要避免同工同酬。中国古代儒家思想中提到"才也养不才"的精神，说的就是必须在人才的薪资结构中，充分发扬薪资分级的制度。一刀切的薪资制度会刺激到员工，不同劳动付出的员工在薪资上应该有所区别才是。换句话说，恢复以往的较多项目，而且有明有暗，应该是比较合适的措施。

还有精神方面的鼓励，像是上司的礼遇、老板的关爱、同仁的支持以及家人的鼓励，也可以用来作为除了物资待遇之外的一种鼓励方式，它也能够让员工感受到不同的气氛。

第二，职位的安排。

管理者要灵活机动地安排职位，组织调整的考虑重点要放在究竟有多少人，要安排多少职位这个问题上。在考虑这个问题的结果上不是依据工作分析，而是要真正知道员工需要多少职位。

职位多少的设置，要从人的需要出发，主要目的还是要考虑到每个员工的感受。只要大家的心理不至于因为岗位的设置而不平衡，就能够安下心来好好工作，这就是因人设事的优点所在。在员工看来，真正的公平，不是表面的、形式的、虚假的公平，最重要的是实质上的公平。

第三，因为要考虑第二大配套，就不得不采取职位与职权可分可合的办法。

职位和职权之间并不完全对等。有职位的人，不一定就有固定的职权。职权还是由最高管理者授予，根据实际情况可变动性地加以增减。表现得好的员工，职权可以适当增加，表现得并不理想的员工，就要酌量减少授权，甚至消除或暂时停权。职位与职权分离的策略，是一种灵活的处理方式，才能达到两全其美。

因人设事强调的是团体荣誉与个人责任两方面的责任。事实上，一般人都有害怕因为自己一个人的疏忽而带来团队的损失，既然这样就大胆地利用这个特质去管理吧。

因人设事还牵涉到员工考核的问题。组织里的员工少不了要考核，而且每一件事情在结束时也都要接受考核，如果大家总是盯着眼前的利益斤斤计较的话，情绪上的反弹也就在所难免了。所以对于管理者来说，在考核当中也要适当地检讨，目的不是为了别的，而是力争公平，追求进步。

首先要制定考核的标准，必须是以"对并没有用"为前提。因为对未必圆满，结果和错并没有多大不同。

中国传统文化中所说的是非并不是严格客观意义上的是非，一般是指从圆满中分出来的是非。表面上看是非不难分，其实很多人心里都心知肚明。考核的目的是用来帮助人自律自省，既然如此就不要过分苛求，过分苛求就会影响到员工的工作积极性。

因人设事中考核的要诀是明暗、大小都要兼顾并重，全面无形是考核的最终原则。明暗结合，大小兼顾才是考核的最高法则，也是因人设事的管理模式所决定的。

努力发掘人才的长处

组织是一个人与人的集合，其中不乏才华出众者，泛泛如众者，八面玲珑者，谨小慎微者等等。人和人之间的差异都很大，在用人问题上就要注意挖掘人才的长处，这是上文提及的关于管理者要重视人才优点的简单叙述。既然掌握了不同人才身上的优点，就要懂得用人之长，领导者的用人眼光和魄力就因此显现出来。现代领导科学的观念是，任何人都有缺点，也都有优点，要是能够合理地激发某个人的优点，就有助于他修正自己的缺点，爆发出惊人的潜能。

高明的管理者，任何的缺点都不至于致命，只要能找到他们的优势所在，关键在于如何运用这些优势。

一次宴会上，唐太宗对王珪说："人才的鉴别是你所擅长的，尤其是评论，不如你现在就一一评论一下当朝的臣子，从房玄龄开始，说说他们的优缺点，拿他们做一下比较，看看你自己在哪些方面表现得更优秀？"王珪回答说："房玄龄一向都孜孜不倦地办公，一心只为国操劳。大凡知道的事就尽心尽力去做，这点我实在自叹不如。魏徵常常留心于向皇上直言进谏，总觉得皇上能力德行比不上尧舜很丢面子，这点我也实在自叹不如。至于李靖，文武全才，不但可以在外带兵打仗做将军，还可以进入朝担任宰相，在这方面，我也自叹弗如。还有温彦博，他很擅长向皇上报告国家公务，报告当中总是详细明了，宣布皇上的命令或者转达下属官员的汇报都能坚持做到公平公正，在这方面我也认为自己不如他。在处理繁重的事务以及解决难题方面能做得井井有条，我也比不上戴胄。不过比起上面说到的几位能人，我在批评贪官污吏，表扬清正廉洁，疾恶如仇，好善喜乐方面略有优势。"唐太宗听后，很赞同他的意见，其他的一些大臣们也认为王珪完全道出了他们的心声。

王珪的评论也可以发现唐太宗的用人很有智慧，大臣们基本上是各有所长。更重要的是，这些能人在唐太宗的调配下都被用在了最适合他们的岗位上，让他们能发挥其长处，从而缔造了历史上有名的"贞观之治"。

在现如今的市场竞争中，企业的发展不可能都只有一种固定的模式，企业要根据自己的发展特点来选择不同的团队。既然如此，管理者就要知道怎么去掌控和管理自己的组织和团队。首先要了解各个下属的专长，再思考如何安排合适的岗位，随后根据下属优缺点互补的原则，再做机动性的调整，从而让团队发挥最大的效能。最怕的就是管理者不了解下属的优缺点，随意地调配团队中的员工，忽视了下属的缺点就会让下属因不能克服短处而恣意妄为。通俗地说，善于洞察下属的领导者切忌不能既不懂下属的优点，也不懂下属的缺点，任何一点都不能偏废。只看到下属短处的管理者就好比是瞎了一只眼的盲人，只盯住下属缺点看的管理者就像是瞎了两只眼的盲人。

员工对于管理者来说，主要有三方面的魅力，管理者要善于发现和欣赏员工的这三方面的魅力，包括外貌魅力、性格魅力和能力魅力。

第一，外貌魅力。

常常有人说到自己很讨厌某些人的外貌，说到自己的讨厌的人的时候都会咬牙切齿，可他们却不知道自己这么做的时候也丧失了自己的外貌魅力。

对于外貌魅力其中有一个很重要的原则就是人际吸引的基本原则，事实上每一个人在外貌上都有其特殊的魅力。

管理者要记住一点，外貌和能力并不成正比，所以一定要走出心理上的"直觉式"误区，别以貌取人。外貌尽管是一个人给人的最初印象，但以貌取人显然带有极为明显的主观色彩，缺少客观和公平的原则。

只不过，很多管理者在现实当中，很难逃出这个框架，这几乎已经成为了大多数人的通病，习惯用外貌去判断自己与下属之间的关系、距离、好恶，乃至是工作能力，这绝不是一个成功管理者的所作所为。这样做无疑会落入宿命论的主观陷阱，无形中增加了员工和上级之间的人际界限。

人和人的外貌都不经相同，人人都有其独特之处，这些独特之处都在不知不觉地吸引着人们。

管理者要是能不以貌取人，还能欣赏每个员工的外貌，那必然能和员工产生"自然"的良好互动，员工也会因此而感觉自己特殊的外貌魅力。

第二，性格魅力。

除了外貌之外，性格魅力也是管理者很关注的，管理者总会花费太多时间在处理因员工性格所引发的问题上。可惜他们都忘记了应该引导人才去充分发挥自己的性格魅力。所以管理者必须了解为了达到生产绩效，不是要去改变员工的性格。

和外貌一样，每个人的个性也都有各自的优缺点，管理者要是只注意缺点，忽视了优点和优势的话，就很难发挥个人的性格魅力。

管理者的团队中有很多不同的人，个性都不一样，如何去管理这些人就是管理者所面临的难题。员工要完成特定的工作，就要依靠管理者去接纳不同个性的人的准备。

第三，能力魅力。

常常听到领导说某些员工实在太笨了，可是管理学专家时时在提醒众人，这些人笨，但如果不是他们笨的话，如何能选拔出管理者呢？

必须承认的是"智者千虑必有失，愚者千虑必有得"，所有人在能力方面都有不同的地方。

每个员工的个性专长是管理者真要注意到的，无论是哪一种特殊能力，包括组织能力、策划能力、领导能力、协调能力及执行能力，都能得到充分地发挥。

管理者的职责就是要让部下在有限的环境中最大限度地调动自己的能力。

用人要考虑因势利导

管理中的沟通部分最让管理者感到头疼的就是上下级的沟通问题，这个问题实在太过特殊。上下级在沟通时，总因为害怕而有所保留或是回避，畅所欲言几乎是做不到的。这样的交流和沟通又如何能达到真正交流的结果。

汉朝的汉文帝素以善于用人在历史上闻名。一天，汉文帝携后宫佳丽及随从游玩上林苑，突然看到珍禽仙葩，心中十分高兴。再到虎苑时，正巧主管上林苑的上林尉前来拜见，文帝就向他询问这上林苑究竟有多大，有多少禽兽种类，还驯养了哪些动物等。上林尉面对文帝的十几个问题始终都是支支吾吾，没能直接回答，一直在顾左右而言他，前后说出的数字也都不够详尽。很明显，他并不了解上林苑的情况。反倒是这时候在一旁管理虎苑的啬夫却一一回答得十分清楚，言辞流利，对上林苑里有多少种禽兽的情况十分了解，汉文帝听后十分满意。

汉文帝听后想了想，怎么都觉得要在其位某其职，必须了解自己分内的事情，这样才不枉拿朝廷俸禄，也才能让天下的黎民苍生心服口服。于是他命令将啬夫树为文武百官的楷模，遂将啬夫封为上林令。此时，一旁随同而来的谒者仆射张释之却不同意汉文帝的做法，认为此举过于轻率，却碍于汉文帝的面子，只好暗中提示汉文帝说："陛下可知绛侯周勃是什么样的人？"汉文帝回答说："那是长者。"张释之继续问："那笔下看东阳侯张相如是何等人？"汉文帝说："那也是长者。"话说至此，张释之进谏道："夫绛侯、东阳侯称为长者，此二人言事皆不能出口，也没有像这个啬夫一样夸夸其谈、口齿伶俐！而且，秦朝时，任用刀笔之吏，各个大臣以雄辩见长，不尚务实，所以只经历短短两世就失掉了天下。"

汉文帝听完张释之的话后很有启发。他突然意识到，一旦自己提拔了啬夫，天下百姓都会以为能言善辩者就能得到提拔，做实事的人就越来越少了。如果自己在关注人才时只重视口才，就很容易让人们用油嘴滑舌来蒙骗自己，结果只会如秦朝一样，由于只任用笔吏和善辩者而造成亡国。可以想象，社会一旦有了夸夸其谈、不重实际的风气必会造成巨大的危害。

鉴于此，汉文帝感觉到了升迁啬夫不妥，于是收回成命就这样避免了清谈之风的出现。但是汉文帝认为像上林尉这样的居高位却始终不重实际、玩忽职守的人也不能轻饶，还是罢免了他的职位。从那以后，汉文帝就非常注意在用人上要"听其言察其行"，官场之风得以净化，同时也巩固了汉文帝的统治地位，从此出现了中国历史上有名的"文景之治"。

在多数人看来，能说会道的人都被视为精明能干的人必是头脑灵活之人，只有头脑灵活的人才能说得出来。在这样的思想指导下，领导者很是欣赏这一类人，而这一类人也就容易恃宠而骄更加钻研起"说"的门道。如此一来，便是清谈之风盛行。长此以往，就没人愿意干实事，反倒是那些高谈阔论的人步步高升了。

管理者要避免清谈之风，必须双管而下：一是要防止清谈的下属，必须要求他们谨慎行事，判断一个人的能力要从实际工作能力出发。二是严惩那些不务实事者。

孔子说道"听其言而察其行"，但凡是"巧言令色"之人都要"毋取口锐者"。孔子的意思就是不能通过言谈能力来选拔人才，而要重视他们的品德和才干。判断人才要用实际行动来评价人。实际工作当中，管理者在实际工作中，也必须贯彻孔子的这一理念，单纯以言论来选拔人，那不一定能选拔出最有才能的人，这样才能不让自己的下属沾染上清谈的习气。

显然是张释之的主动劝谏和积极沟通让汉文帝在用人时能够采取相对客观理性的方式，文帝从此认识到了用人要更加注意务实和严谨。

改变墨守成规的套路

墨守成规注定了只能用一种固定的眼光去看待事物，而打破常规，灵活处理的话，就可以多几个角度去观察，多几个角度去分析，在常规当中发现突破的可能，寻求多种多样的方法和结论，从而创造出一种更新更好的方法或产品。

做一件事情之前，只要有了敢于突破的心，就不要太早下结论，有时候先入为主的想法会左右自己的行动，消磨了自己的意志和进取心。敢于去尝试，不可能都会变成可能，不成功也可能会变成成功，一般也会变成不一般。在竞争激烈的今天，企业要是缺少尝试的心的话，就不会有突破常规的智慧。打破常规能使企业在顺境中锦上添花，更上一层楼，还可能在逆境中起死回生，绝处逢生，峰回路转，柳暗花明。

28岁的美国青年罗巴士，儿时听过一个童话故事，故事说的是从菜田里生长出来的一个娃娃，听完这个故事以后他就把自己生产的洋娃娃都命名为"椰菜头娃娃"。这些洋娃娃和从前的没什么不一样，只不过让这位智慧的美国商人赋予了新的意义以后，居然一下子就抓住了美国人的心态。

在美国，很多孩子都要求独立，尤其不愿意和父母生活在一起，很多父母因此感到无比寂寞。而且随着离婚率的上升，出现了越来越多的缺少孩子欢乐的父母和缺少父母之爱的孩子，精神空虚让"椰菜头娃娃"填补了越来越多有情感需求的人的生活。

商人们在顾客购买这些娃娃的时候，很有心地提醒他们并不是购买，而是在领养一个孩子。因此在购买时，他们都要签署"领养证"，保证要好好地照顾它。在办理过领养手续之后，布娃娃和购买者之间的"养子和养父母"的关系就此形成，这远比购买一个娃娃更亲切。

除此以外，为了让这种洋娃娃更有生命力，娃娃身上还都附有出生证明，包括它的姓名、手印、脚印、屁股上面还有"接生人员"盖的印。洋娃娃到1岁生日那天，经销商还会给它寄去生日礼物。

洋娃娃在设计中被赋予了个性之后，顾客的心理需求就得到了极大的满足。这款洋娃娃每一个都有自己独特的外形模样，不但有男女之分，有白皮肤、黑皮肤之分，发型也有辫子、有曲发，头发有黄色、有黑色，脸上有酒窝、有雀斑，服饰、鞋子完全不同，样子十分时髦，很难找到两个完全一样的洋娃娃，这大大满足了不同消费者的不同喜好。

在解决日常事务当中，人们很容易思维定式，也就会凭着一些常规的想法去完成一些工作，解决平常的一些问题。可是大多数人却很难跳出常规的窠臼，去发现另外的一片天空，跳出常规会让人们更从容地面对问题。

思维活跃主要依靠灵活变通，能够触类旁通，不局限于第一方向，不受消极思维定式的桎梏，多方面多角度地考虑问题，才能越过思维定式的障碍。最后，创造力当中最高层次就是能根据实际情况的变化而变通，这种能力是可以沿着思维的不同方向扩散开来，表现出很丰富的多样性，使人产生非凡的构思，提出不同凡响的新思想、新观点等。

职场沉浮，解决力说了算

也许，你已经掌握了不少工作技能，也许你对"如何在工作中做出成绩"已经花了不少时间去思考，当然你也听惯了各种职场决胜口号："要忠诚！""要负责任！""要注重效率！""要自信！"

但是，要想真正成为一名职场上的成功人士，集受宠、高薪、高职等于一身，你就要善于解决问题，做一个解决能力够强的员工。因为老板需要的是会解决问题的人，成功青睐的也是会解决问题的人。

大家也许都听说过这么一个故事。

森林里的动物们在一起开会，要推举一位勇敢的国王来统治和保护大家。一心想做国王的狐狸先开口说："各位，大家就选我做国王吧，因为在这个森林里我是最聪明的。"但大家都没有选择狐狸，因为它们都清楚狐狸不具备领导和保护它们的能力这个事实，最终选择了强悍勇猛的狮子为王。

这个故事暗示了一个道理：在竞争日益激烈的今天，解决问题的能力是制胜的关键。解决力是一个职业人生存、发展的硬性条件，它直接决定了我们是否能够承担起责任、胜任工作。

听起来解决力似乎是一个高深、专业的词汇，其实不然。因为所谓工作，就是解决那些妨碍我们实现目标的问题。工作中的我们，无论是公司的老板、中高级上司，还是默默无闻的普通职员，每时每刻都面临着解决力的考验，以至于我们早已习惯，感觉不到我们在行使自己的解决力。

想象一下你每天的工作吧,从工作计划到工作报告,从市场调查到签订合约,从应聘工作到人际关系……这当中包含了太多的问题,无论问题简单还是复杂,是容易还是棘手,它们都等着你去解决,这些都需要你具备一定的解决力。

如果不能解决问题,对问题置之不理的话,很容易被公司和社会所淘汰。我们且看一个小例子。

许馨毕业后进入一家著名的国有企业做起了办公室内勤。内勤工作虽然烦琐,但无非是传达传达文件和上司指示,购买公司日常用品,处理一些办公室内务而已,并不能说这是一项难度系数很高的工作。

由于工作没有难度,工资待遇非常不错,所以许馨很珍惜这次工作机会,但她试用期没到就被解雇了。为什么呢?因为任何一项任务,她从来没有独立顺利地解决过,大至文件的传达、会议时间地点的安排,小至办公用品的购置,甚至是连买垃圾桶这样的小事,她都惹得矛盾四起。

那天,办公室主任安排许馨去买些新的垃圾桶。"要到哪里买""要买几个?""什么价位的?""旧的垃圾桶如何处理?""如何分配?"许馨进进出出,请示了主任好几次,才最后确定了方案。但是公司女孩子较多,大家都想用漂亮的新垃圾桶,许馨不想得罪任何一个人,只好再次请示主任。岂料,主任面色不悦地说:"这么小的事情你自己都处理不好吗?既然这样,你明天就不用来上班了。"

关于解决力的重要性,沃尔玛连锁超市的创始人山姆·沃尔顿说过:"想不被企业和社会淘汰的雇员必须学会运用自己的意志力和责任感,着手行动,处理这些问题,让自己真正具有卓越的工作能力和素养。"

第十二章　"能上能下、绩效考评"
——树立用人机制

> 管理者在用人时,最重要的还是要重视人才的绩效和工作能力,这些不是外在条件所能决定的,有了好的选拔人才的方法之后,下一步要做的就是树立科学合理的竞争机制,让人才时刻感觉有压力的存在,同时也有动力促进他们进一步为组织作出更大的贡献,而这一切的一切都需要有完善的管理机制的保障。

管理的根本是制度的保障

管理中很重要的一个环节就是激励,当下激励的方法丰富多样,其中最具激励成效,最被员工所期待的形式就是晋升制度。晋升作为一种直接的激励方式,是对员工卓越表现最有价值的肯定方式。员工的晋升制度一旦完善了,能产生很积极的导向作用。毕竟人都是有功名心的,晋升之后,不论是地位、身份还是收人都会产生或大或小的变化，这在很大程度上满足了员工追求功名的心理需求。功名心得到满足之后，自然就会以更饱满的热情投入其中，工作业绩也会得到一定的提升。所以说，晋升这种激励方式有其他普通奖励所不能比拟的优势所在。

来看看汉高公司的管理晋升制度，就很值得大多数管理者借鉴：

汉高公司的内部组织非常明确。在晋升的途径上，员工从进入公司的第一天开始就了解了可能晋升的途径，和自己所处的岗位在公司里的位置。此外，汉高公司也通过自身的高级培训计划，让更多有能力的人参与到这计划中来，提高自己工作能力的同时也有利于公司从内部选拔有资格担任领导工作的人才。凡在公司内部有创造性工作的员工，就会获得相应的晋升机会，例如某项研究有了眉目还需要进一步突破的时候，公司就会授予他全权。所以，在外人看来，汉高公司就是一个靠技术本位者晋升的阶梯。

事实一再证明，有才能的人能否有提升的机会，是判断一个组织有没有合理的用人制度的最终标准，也直接影响到管理者是否能够合理用人，组织内部是否有人可用等问题。古今中外，很多成功的管理者都深谙此道，也都知道人才之所以能获得丰厚的待遇，必须提供给其施展才能的空间。人才价值的承认和回报一定是通过高待遇和适合的职位来体现的。此外，晋升所带来的一部分权力，也在一定程度上提高了员工个人的办事效果和责任心，更能给尚未得到晋升机会的人树立了榜样，推动组织整体执行力的提升。

组织在人才培养上，很重要的一点就是要构建一套符合自身发展实际的员工晋升机制，真正实现人尽其才，其中一个重要法则就是要在适当的时候提拔那些优秀的人才。员工要认识到自己的重要性其中最有效的办法就是要把员工推到一个他们认为很重要的位置上，这就是员工心目中最想要的晋升。

大多数人渴望晋升,因为晋升在大多数人看来意味着要担任更重要的职务,也需要承担更多的责任,当然自己可以发挥的空间也就随之变大了,这种满足感是其他激励机制所不能带来的。晋升能够激发他们的责任心,更认真地投入工作当中去,所以不论是哪种组织,都在给员工提供适当的晋升机会,从而激励员工们上进。

晋升激励机制在著名的微软公司也是由来已久的。最初微软采用这种机制来激励员工时,就屡试不爽,这让技术人才在岗位上充满工作的激情,热情工作,还充分利用所积累的专业知识为微软服务。

微软的另一项做法,就是把那些在技术方面很有优势的员工都推上管理的岗位。这一做法所带来的直接结果就是让微软取得了一个其他软件公司所没有的优越性,管理者不但懂得管理,还在技术上有着不可比拟的优势,时刻了解技术市场的发展。在管理和技术中,这些管理者总能找到又能把技术和如何用技术为公司获取最大利润的结合点,慢慢的微软内部就形成了一支既懂技术又善经营的管理阶层。

国内首家上市软件企业东软集团,成立之初只有3名员工,3台电脑,3万元科研经费。短短的十年发展,东软集团已经一跃成为国内软件业的新秀,成绩可谓斐然。铸就了如此成就的根本原因在于东软科学的人才战略。东软为每一位公司里的员工都提供了一份很详尽的职业生涯发展体系,其中主要部分还是晋升。正常情况下,一个软件开发人员进入公司,先是程序员,再到资深程序员,随后是设计师、架构师,还可能成为咨询顾问和资深项目经理。这种晋升体制让很多专业技术人员看到了自己发展的方向,也就甘心情愿地在东软服务,因为东软已经为他们铺好了晋升的道路,也提供了施展才能的机会。

综上所述，在合适的时机，用合适的方式提拔优秀人才，不但是对人才的有效激励，也对组织的发展大有益处。

有一类管理者在晋升方面做得十分完美，因此受到所有员工的欢迎。他们用这种看似最简单的激励方式充分调动员工的积极性，形成人人争上游的局面，给组织带来无限的生机和活力。只不过在提拔员工时，必须值得注意的是员工和员工之间的关系。毕竟在同一个组织内部工作，提拔任何一个人都会对其他人有一定的影响。提拔过程中一点点小小的疏忽，都会破坏组织的人事关系稳定，得罪其他未被提拔的员工。管理者要明白在提拔一个人时，慎重考虑是必要的，而且提拔的速度不宜过快，提拔到哪个位置也要综合考虑后才能实施，前提是不能影响所有人的情绪。

管理学家习惯把"激励"比喻成一把宝刀，用得得当且用对地方，效果就会很好，反而只会伤到自己，伤到别人。晋升激励机制做得不好，很容易起不到预期的激励效果，还会造成灾难性的后果。在晋升激励当中管理者要注意以下几点。

第一，晋升须及时。

优秀的员工在工作中有了大的贡献，却迟迟没有相应的回报，那那些还在基层岗位上的员工就会觉得自己做的工作没有任何价值。员工有了这种情绪接下来就会敷衍了事，反倒乐得清闲。所以说，晋升要及时。一个人没有得到适当的晋升后，其他人也会看在眼里，也认定自己无法从组织的发展中获得晋升的前景，消极情绪就会蔓延到整个组织内部。因此，管理者要时时记住详细了解员工的业绩，这样才有利于在适当的时候提拔优秀人才。

第二，要讲究公正公平。

为组织赢得利润的人若是没有得到晋升的机会，机会却落到了那些并没有实际工作成绩的人头上，显然一般人都会认为管理者在这方面做得不够公正公平，抵触心理就很容易产生。一旦形成组织内部的抵触风气，组织的执行力就会随之降低，组织要健康地发展就会面临危险。要追求公正公平，管理者必须依据员工的实际工作能力才判定哪一位员工最适合晋升。任何主观的因素，譬如员工的个性，管理者的个人爱好等都不能被考虑在内，只有这样公平和公正才能得以体现，管理者就可以防众人之口，服众人之心。

第三，强化监督。

要达到公平公正地晋升还有另外一个措施，就是监督。严格的监督能够保障晋升合理、有序的晋升激励。监督应该从晋升制度的一开始就要进行，延续到全过程。无论是哪一种组织，都会制定自己的晋升制度，都需要有效的监督来堵住悠悠之口，从而保障晋升的公正公平。还有一个方面管理者还要防止另外一种情况的出现，例如有些员工的能力被高估而分配到了与自己的能力并不相适应的岗位上，造成部门工作进展不顺、民怨迭起的现象。所以监督必须在人员晋升到新的岗位后还要继续进行，对可能产生的问题进行监控，以便作出及时调整，将损失降到最低。

因人而异地进行区别激励

激励机制越来越成为管理者关注的管理重点,并且主动将各种的激励理论付诸实践。只可惜很多管理者发现尽管自己很积极地实践激励机制,成效却始终不尽如人意。其实原因很简单,主要是管理者千篇一律地用同一种激励方式去激励所有的员工,却忽视了员工之间存在的个性差异,没有因人而异的激励方式不可能发挥其功效。

因此在激励时也要先了解员工各自的不同,再有这针对性地激励。在聊这个话题前,先来看看这么个笑话:

有个人为了让来自不同国家的人可以分别做事,想了很多办法:先是对德国人说:"这是命令。"再对美国人说:"这是为了自由。"对英国人说:"这么做很绅士。"而对中国人他说:"这是为了母亲的荣誉。"果不其然,所有人听完之后都主动热情地去完成了自己该完成的任务。

笑话固然不是现实,但笑话里那个人的做法让所有人都明白了一个简单却深刻的道理,每个人的成长环境不一样,因此价值观和需求有很大的区别,那么对不同的人的激励方式就一定不能采用一刀切的方式。

管理学家彼得·德鲁克认为,调动下属的积极性重在让下属看到自己所从事的工作的乐趣和价值，再从工作中找到自己的成就感，并享受工作带来的满足。不同的员工区别对待的话，那该如何做好激励呢，如何才能让所有人都享受工作中的满足感呢？道理不难，这就好比去钓鱼必须带上蚯蚓和面包作为鱼饵一般，不会有人想要用水果糖去钓鱼吧。激励也是如此，从员工感兴趣的东西出发，投其所好才能有所收获。

激励的成效不明显，原因就是管理者习惯用自我的角度去衡量员工的激励机制。管理者的想法固然也是为了组织考虑，但前提是把自己的标准强加给员工，告诉员工什么是好，什么是坏，显然是典型的"以有益之名，行无益之事"的做法。要知道，激励的对象是员工，管理者是施行激励的人，所以管理者要变换自己的角度，彻底地从员工的立场出发，激励要以满足他们的个性需求为标准，而非想当然地去做。

一个人追求什么样的目标决定了工作对他而言的全部意义。不同个性的员工同样也用不同的方式去体会工作的满足感。有人提出，工作中有五种不同的个性类型，彼此之间的价值观差异是十分巨大的。员工究竟属于哪种类型，管理者要先弄清楚，这样做了以后才能帮助管理者认清激励员工的内在因素。先来看看以下五种个性类型。

1.专家型。这种类型的员工，很善于掌握知识技能、控制权并拥有自主权。

2.助人为乐型。喜欢在和他人的联系中或是帮助中获得各种乐趣。

3.自我保护型。格外重视自尊，并从中获得满足。

4.创新型。以创新和试验新事物为乐趣。

5.自我完善型。个人的全方位发展和均衡是个人获得激励的基本途径。

这五种类型的员工，若是管理者都能让他们各自发挥出就最好的一面，那便是最好的激励。很重要的一点是，员工本身都是一个个独立的个体，管理者不论怎样都要将他们视为彼此独立的，要把他们的不同点作为激励的依据，否则就很难调动员工的热情和创造性，所谓提升组织的执行力也不过是一句空谈。

激励的关键在于员工需要什么，而不是管理者能给予什么，也就是因为这个才需要根据员工的具体情况来区分激励机制。针对不同的员工用不同的方法激励，前提是要知道员工需要什么，管理者正确地把脉工作，摸清员工心里想什么，才能做到投其所好、有的放矢，以员工的立场来考虑具体的激励方法。一般来说，有以下几种办法值得借鉴。

第一，先了解员工的兴趣爱好。

每个人的兴趣爱好都不同，一个人的兴趣爱好会受到思想、气质和成长环境的影响，同时兴趣还能挖掘一个人的潜力和才干，所以对于管理者来说，要了解信息先了解兴趣爱好是必要的。管理者费心去发现和观察员工的兴趣爱好，再根据实际特点来分配工作，不但能发挥员工的潜能还能满足员工的心理需求。

第二，细微观察员工的特性。

俗话说："日久见人心。"人的个性和特点时间一长就会暴露无遗。管理者要摸清所有人的性格就要有一定的时间投入，从细微处了解和观察。譬如在组织内可以多举办一些有目的性的团体活动，在活动中适当加入一些心理小游戏，在放松的状态中才表现出最真实的自我，这对于管理者来说是个绝佳的认识员工特性的好机会。了解了员工的真实个性后，采用针对性的激励方法，一切都会事半功倍了。

第三，让员工自由表达。

其实，管理者再怎么细心地观察或是分析，还是个旁观者，还是不如员工自己直接表达来得更为直接和快速。这就好比是送了人家东西人家不喜欢，还不如直接问他到底想要什么。有很多管理者在实际工作中很害怕自己的员工表达的并非自己心中所想，这种担心在很多时候看起来是多余的。虽然在工作中难免出现个别人存在虚假言论的现象，只是在说到关于个人待遇和前途的问题上，没有人会去造假。就算是不可能百分百地表达，至少也能在一定程度上明白员工心中最关心的是哪方面的待遇。通常只要通过组织内部的问卷调查或是闲聊就可以获得相关的数据了。

能力至上的竞争机制

　　管理者在管理人才，合理调配人才资源时最忌讳的就是重虚不重实。那些像年龄、官阶、声望、门第、资格等外在因素不能凌驾于一个人的真实才学之上，作为判断一个人才真实能力的判断。

　　资格、级别、门第等外在条件其实都是一个人表面上的一些标志，和人才的真实能力之间的关系并不大，也不必然决定一个人的能力高低。不是说资格老、官阶大、门第高的人就必然有才能。一般来说，资历的深浅，只能作为衡量一个人是否能够胜任工作的参考因素，却不能成为最终的决定因素。

　　出生在名门是个人无法选择和决定的事情，但这不代表他的能力就一定高。赵国名将赵奢的儿子赵括最闻名于世的就是纸上谈兵了。赵括的纸上谈兵把赵国的四十万兵马葬送在长平，导致了赵国的最终亡国。要说赵括也算是名门之后，却也不过如此，可见是否出自名门的确不是评判一个人才的最终标准，门第也绝不能成为选拔人才的一个因素。

　　依照外在条件来选拔人才而不依据个人能力，结果只会压制有才能的人，这对组织的发展是相当不利的。所以管理者一定要突破从前的旧思想，大胆提拔能力强、有实干精神的人才，并让他们担任最重要的职务，这样才更有利于工作。

元世祖忽必烈统一了中国，建立了元朝，还辟出了中国历史上最大的版图，他的才干绝对不在成吉思汗之下，而且他的才能不仅表现在军事方面，在用人上也很有自己的一套。最典型的一个例子就是他任命十八岁的安童为丞相，这足以说明他在提拔人才方面所做出的革新努力。

安童是元初"开国四杰"之首的木华黎的孙子，尽管他也是名门之后，但却没有一般纨绔子弟的品性，相反年少的他就显得成熟和稳重。十三岁的安童就因祖父的功劳而被"召入长宿卫，位上百僚之上"。只不过他在这个职位上一点都不愿意倚仗着祖辈的功劳的庇荫，而是踏实认真，勤奋学习。有一天，元世祖与安童的母亲谈话时提起了安童的情况，安童的母亲答道："安童虽然年幼，长大后定是您的心腹之臣。"世祖听完后问："为什么？"安母答道："安童年方十三，但每退朝之后必定只与老成人说话，不喜欢与少年嬉戏，因此我认为他会有出息。"元世祖听后，大为赞叹，于是就此开始培养这位有为的青年。在和阿里不哥竞争王位得胜后，元世祖拘捕了阿里不哥的党羽千余人，世祖问安童："朕欲置此等于死地，你以为如何？"安童回答道："人各为其主，他们跟着阿里不哥也是身不由己，这也是他们被迫的无奈之举。如今陛下现在刚刚登基，要是为了泄愤对这些人赶尽杀绝，又怎么能让天下人信服呢？"

元世祖听完安童的话，为一个仅仅十几岁的少年的言论感到震惊："爱卿年纪尚幼，何从知道这番道理？卿言正与朕意合！"从那以后，元世祖就对安童另眼相看了。到了安童十八岁的时候，元世祖就大胆提拔他为丞相，那时的安童已经处世练达、办事果断、为人稳重、足智多谋了。

安童得知元世祖要提拔他，连忙推辞道："现在大元虽然安定了三方，但江南尚未归服，臣年少资轻，陛下就要委我以重任，恐怕四方会因此而轻视朝廷，还请陛下另请高明。"

谁知道元世祖主意已定，丝毫没有动摇的意思，说道："朕思之熟矣，无从逾卿。"遂任安童为中书右丞相。元世祖的这一举动可谓是前无古人，任用年仅十八岁的少年为丞相，这在中国历史上的大一统王朝中是绝无仅有的。何况元世祖任用安童绝不是为了摆架子，装门面，做给别人看，他的人事任命都有自己的道理，正是看到了安童与众不同的才能才放心地让安童参与国政，把大权交付给他。

少年得志的安童在上任之后难免有不少人产生妒忌。至元五年，有几位权臣想削去安童的实权，就上书建议设尚书省，而尚书省由阿合马主持，安童只居三公之位。元世祖知道了此事后，并没有马上决断，而是把这件事交给大臣们讨论。大臣商挺很是反对，提出："安童，国之柱石，若为三公，是崇以虚名而实夺其权也，甚不可。"元世祖很是赞成商挺的意见，于是痛斥了那几位上书想要削去安童权力的权臣，安童的丞相之位因此而保住了。此后，安童一直身居要职，直到四十九岁因病去世，一生共为元世祖效力三十一年，算是元初最有贡献的良臣，为元初国家的稳定和繁荣作出了巨大的贡献。

俗话说："英雄不问出处。"选拔贤能时切记别总是盯着人才的门第或是出身，管理者这么做才不会忽略掉那些出身寒门的人才，另一方面也不会让出身权贵的人趁虚而入。当然，不得不承认的是出身名门的纨绔子弟未必都是庸才，其中也不乏人才，只不过一定要仔细辨别清楚后才能重用。

管理者可以破格提拔贤能的人才，只不过在提拔之后要小心保护人才才是，以免让其他别有用心的员工犯上"红眼病"伤了人才。

香港企业界有一位传奇人物——冯景禧。早在1969年，他就创办了香港新鸿基证券有限公司，很快该公司就在日成交额数亿港元的香港证券市场上，占有了可观的30%的份额，且每年以赢利数千万元的利润占据了香港企业界的头把交椅。冯景禧的个人财产在当时来说也是十分可观的，资产总额高达数亿美元，成为了名副其实的"证券大王"。当时，他和郭德胜、李兆基合办的新鸿基企业公司俨然是香港企业的霸主。1980年他以21亿港元的高价买下联邦国际大厦，1981年又以28亿港元买下九龙美丽华大酒店，这两次的收购行为都创下了香港当时的地产交易额世界纪录，在地产界，冯景禧的名号也是响当当的。

冯景禧在商界有如此成就，和他非常重视人才有很大的关系，他曾说过："服务行业的资产就要靠管理，而管理是要靠人去实行的。"在他的管理下，新鸿基集团从不炫耀自己的巨额资产，而是常常以能拥有一大批有知识、有能力、有胆量，而且善于运用大好时机，并敢于接受挑战的人才队伍为骄傲。在冯景禧眼里，没有什么比人才更有价值了。

冯景禧认为，人才最重要的是能力，没有能力，哪怕再有资历都没有用。所以他的管理模式，是要先挑出那些有真才实学的下属，再考虑管理方法的问题。在新鸿基证券公司里，各种高学位和高薪金的专家比比皆是，对冯景禧来说，这就是他最有价值的投资——人才投资。这项投资，他花了血本投在了这些人的能力上，而不是他们的资历，他需要这些专家依靠自己的能力为公司创造价值。

所以，在新鸿基证券公司内部员工都明白，要获得升迁，必须要有真才实学，办事能力不强的那些人就会很快被冯景禧炒鱿鱼。冯景禧曾开出天价聘请了一名英国资深证券专家，专家进公司后不久就提出了一系列创见，凭借着自己的证券理论为新鸿基的发展出谋划策，正是看重了这位专家的能力，冯景禧和他签了两年的合约，要求他环游世界考察市场，冯景禧甚至最后还在伦敦为公司设立分支机构，并由他管理。

只可惜半年后，冯景禧发现这位专家的能力没有他的名气那么大，于是一次性付完了接下来一年半的薪酬后让他离开了。事后，冯景禧说："在我手下，人才都是作为投资项目来管理的。名气再大的项目，条件再好，如果缺少市场又如何能产生效益呢？我不投资这样的项目。雇用人才和投资实体项目的道理一样，只要我发现他的能力并不能帮助公司的前途时，那剩下要做的就是壮士断臂。"

记住，管理者在管理下属时，一定要把实际能力作为最关键的考虑因素。那些业绩平平的下属，不论他有什么样的盛名，都不能委以重用。要时时刻刻提醒自己"让能者先上"。

有激励也要有竞争

人的情绪都有高潮和低潮，这反映在工作上，就时常会影响工作状态。状态好的时候，就容易宽容他人的过错，减少彼此冲突的机会；状态差的时候则不然。对于管理者而言，每个员工的情绪都去照顾到，这显然缺少现实的可操作性，但从根本上解决问题，让员工时时保持好的状态，就必须去给员工制造一个"竞争对手"，让他们的注意力时时集中，从而引导他们的情绪。

一个经营了多家铸造厂的老板，发现自己有一家工厂的效益一直不好，员工的工作热情也不高，不是缺席，就是迟到早退，交货也总是拖拖拉拉，厂里的矛盾也很突出。更可怕的是该厂的产品质量低劣，客户也因此抱怨不迭。为此他想过很多办法去激发员工的士气，但结果都不尽如人意。

有一天，老板发现这个厂的现场管理员在办理自己交代的事务时没有按时按量完成，于是他就亲自到了这个厂里。正巧这个工厂当时实行的是昼夜两班轮流制。下夜班的时候，老板拦住了一个工人，问道："你们的铸造流程一天可以做几次？"员工答道："六次！"老板听完后没说什么只是在地上画了一个"六"字。紧接着，在早班上班的时候，所有的工人都看到了老板在地板上画的那个"六"字，很快他们就改变了从前六次的铸造程序，而改成了七次，还在地板上重新写了一个"七"字。换晚班的时候，晚班的工作人员为了刷新纪录，又做了十次铸造流程，在地面上写了一个"十"字。一个月之后，经过如此反复后，这个工厂的效益成了众多工厂中最好的一个。

仅仅一个字而已，却让工厂工人的士气改变了不少，这么简单的方法就让工人们从此拼命工作呢，这是为什么呢？答案很简单，因为有了对手，对手激发了自己的工作热情。

自我超越的竞争欲望，通常在有特定的竞争对象时，会表现得特别鲜明。管理者如果能正确地拿捏好这种心理，为员工设置一个具象的竞争对手，并让员工感受到竞争对手的存在，就一定能成功地激发员工的干劲。

竞争的方式多种多样，不论哪一种管理者的目的都是为了在组织内部建立一套健全的竞争机制，这当中首要解决的三个问题如下。

第一，激发员工的向上欲望。

没有哪个员工是完全没有工作能力的，但是其中只有一部分人希望能够在工作岗位上一展身手，而有些人却由于种种原因，表现得"怀才不露"。表现各不相同的两类人给管理者提出了一个难题，要如何让所有的员工都有展现自己的念头，同时有向上的欲望呢？一般做法有两类。

第一类是物质诱导。也就是说管理者在一定的原则下，通过奖励、提高待遇等杠杆，推动员工努力工作和积极进取的动力。另一类自然就是精神诱导。精神诱导中还分成两种情况。一种是事后鼓励，就是管理者在员工完成某一项工作后给予适当的奖励和表扬；另一种是事前激励，员工在完成某项共组之前管理者就给予了相当的鼓励或是激励，从而使其对该项工作的完成产生强烈的欲望。无论是哪一种诱导方式，都会让员工求胜的心理被成功的意识所支配，乐于去完成自己所接受的工作任务。

第二，强化员工的荣辱意识。

员工用于竞争的前提条件之一是荣辱意识。只不过不同人的荣辱意识并不一样，有的人强，有的人弱，甚至有人没有荣辱意识。所以管理者在启动竞争机制前，必须强化员工的荣辱意识。

自尊心的强化是强化荣辱意识的首要条件。作为人的重要精神支柱的自尊心是影响人们进取的重要动力，而且还与人的荣辱意识有着密切联系。丧失了自尊心的人容易妄自菲薄、情绪低落，甚至内心都郁郁寡欢，这样的状态一定会影响工作的积极性。只不过不是所有人都有强烈的自尊心，据有关研究的成果显示，按照自尊心的表现程度，可以把人分为三类：即自大型、自勉型和自卑型。自大型的人荣辱感强，而且表现为只能受荣而不能受辱，并且在荣辱感上带有很强的嫉妒色彩，管理者遇到此类人要善于引导，以免发生极端情况。自勉型的人荣辱意识也强，却逊于前者，稍加引导就可以了。第三类人的荣辱感最弱，对于第三种人，管理者必须通过教育、启发等各种办法来激发其自尊心，认识自己的价值和能力。

强化荣辱意识在工作中的表现必须是具体的，管理者要让员工们看到，荣者进，辱者退；荣者正，辱者邪。员工的荣辱意识会因此而增强，进取心也会随之提高。

第三，要保证充分的竞争机会。

竞争机制存在的目的就是为了激励员工，让所有的员工都能人尽其才，最终的目的还是发展组织。既然如此，管理者就要尽可能地创造一切竞争的机会，保证各类竞争机会，尤其是给予个人的竞争机会。这其中包含了人尽其才的机会，将功补过的机会，培训的机会和获得提拔的机会等。机会在给予的同时管理者不得忽视以下三条原则。

第一个是机会均等原则。竞争面前人人平等，无所谓谁的机会多，谁的机会少。无论是物质条件还是选择的权力都不应该有所偏颇。

第二个是因事设人原则。竞争的机会由于受到事业发展的限制只得根据事业发展的需要来定。管理者尽管不能逆事业发展而行，但也要保证为员工取得进步铺平道路，前提是只要确保这种进步的方向是正确的就好。

第三个是连续原则。所谓连续就是要保证机会的给予是连续不断的，不能是"定量供应"，也不能是"平等供应"和"按期供应"在工作当中应该保证能够常量的，不断地给予员工，在其完成一个目标之后接下来创造新的目标。总之一句话，任何员工都要在竞争当中逐步获得越来越多的机会和条件。

竞争必然带压力，压力也就能够促进动力，有了动力就有活力。竞争机制的存在是培养员工竞争意识的最基本条件，它可以有效地激励员工，激发他们的学习动力，从而减少矛盾的产生，这是管理者的艺术，同时也是组织获得成功的关键所在。